征夷大将軍になり損ねた男たち

トップの座を逃した人物に学ぶ教訓の日本史

國學院大學名誉教授
豊島岡女子学園学園長
二木謙一
編著

ウェッジ

はじめに

明智光秀は将軍宣下を受けていたのか

――「なり損ない」が教える人と組織の教訓

◆夢と噂に終わった征夷大将軍の座

奈良・平安時代の律令制下では、蝦夷《えみし》征伐のために任じられた臨時の官職としての征夷大将軍があり、大軍を指揮し軍陣では生殺与奪《せいさつよだつ》の権限を与えられ、陣営に幕を張った居所を「幕府《ばくふ》」と称していた。

それが後には天下の武力を掌握する武門の棟梁《とうりょう》を「将軍」と略称し、その常置の政庁を「幕府」と言うようになった。

この意味での征夷大将軍・将軍は、建久《けんきゅう》三年(一一九二)征夷大将軍に任命されて鎌倉幕府を開いた源頼朝《みなもとのよりとも》に始まり、江戸時代の末期、慶応《けいおう》三年(一八六七)に徳川《とくがわ》十五代将軍慶喜《よしのぶ》が大政奉還・将軍辞任をしたことに終わる。

将軍による武家政治は、十二世紀末から十九世紀の半ばまで約七百年続き、その間、鎌倉将軍は頼朝・頼家《よりいえ》・実朝《さねとも》の後、二人の摂家《せっけ》藤原を経て最後の守邦親王《もりくにしんのう》まで九代、室町将軍は初代足利尊氏《あしかがたかうじ》から義昭《よしあき》までの十五代、そして江戸将軍は徳川家康《いえやす》から慶喜までの十五代、合わせて三十九名の征夷大将軍が実在した。

これら鎌倉将軍以後の征夷大将軍は、武門の棟梁の称号であった。だが、鎌倉将軍は源氏三代以後は北条政権の傀儡《かいらい》将軍であり、室町将軍の多くには権威がなく、江戸将軍は日本の社会全体に君臨したが、有能な幕閣に支えられるなど、時代によって変化がある。

本書はこの史上に明らかな三十九名ではなく、「征夷大将軍になり損ねた男たち」を選び出して論評を加えたものである。

すなわち第一章では、平安末期・鎌倉時代に、反平氏勢力として活動した頼朝のライバル、また後白河上皇《ごしらかわじょうこう》の策謀に操られて散った有力源氏、そのほか頼家・実朝と争った兄弟肉親たち、幕府御家人同士の権力闘争に担がれ、利用されながら滅び去った者、そして宮将軍候補とされながらも、運なく挫折した者たちなどを取り上げている。

第二章では室町・戦国時代を背景に、足利氏と武家の棟梁を争った新田義貞《にったよしさだ》をはじめ、室町幕府における将軍後継争いや有力守護大名間の抗争に巻き込まれて敗れた者たちを扱っている。

ここに登場するのは主として将軍の同母・異母兄弟や従兄弟、それに分家の足利氏血流などであるが、そのほか将軍にはならずして天下人となった織田信長《おだのぶなが》と豊臣秀吉《とよとみひでよし》をも含めている。

第三章は徳川家康将軍に始まる江戸時代である。初期に見られた将軍家の葛藤《かっとう》と言えば、二代秀忠《ひでただ》と結城秀康《ゆうきひでやす》、三代家光《いえみつ》と忠長《ただなが》のような兄弟の対立であったが、中期以降では主としていわゆる徳川御三家《ごさんけ》や御三卿《ごさんきょう》間による次期将軍をめぐる争いとなった。

御三家は家康の九男義直《よしなお》が尾張《おわり》家、十男頼宣《よりのぶ》が紀州《きしゅう》家、十一男頼房《よりふさ》が水戸《みと》家の祖となる徳川の分家であった。また御三卿は八代将軍吉宗《よしむね》の次男宗武《むねたけ》を祖とする田安《たやす》、同四男宗尹《むねただ》を祖とする一橋《ひとつばし》、それに九代家重《いえしげ》の次男重好《しげよし》を祖とする清水《しみず》の三家で、江戸城内に邸宅を与えられていた。

御三家・御三卿の創設は、徳川将軍家の血統維持のためで、八代吉宗以降は将軍家に継嗣がない場合は、御三家・御三卿の中から将軍後継者が立てられた。ところが将軍後継選びにあたって、御三家・御三卿間で将軍職を競い、それが幕閣や大奥の権力・利権争いに利用された。この章で取り上げているのは、そうした政争に担がれながらも将軍になり損ねた男たちである。

そして第四章は、大政奉還により幻の将軍で終わった徳川昭武《あきたけ》と徳川家達《いえさと》、それに維新政府に抵抗して箱館《はこだて》に共和国樹立を夢みて敗れた榎本武揚《えのもとたけあき》をも、新時代のトップになり損ねた男たちに加えている。

◆将軍就任には朝廷とのコネと金が必要

本書に登場する将軍になり損ねた男たちの存在は、すでに江戸時代以降の史書や物語にも見えている。ただしそれらのほとんどは世間の勝手な下馬評や、「もしかして」「ひょっとしたら」といった憶測や想像によるものが多い。

不運・悲哀《ひあい》な人生は、判官贔屓《ほうがんびいき》の心情をそそり、時代小説や演劇の世界ならば、主役を引き立たせる恰好《かっこう》の脇役となる。けれども現実にはほとんど不可能であったように思われる。それは鎌倉から室町・江戸時代を通じて、武家の将軍宣下《せんげ》・補任には、朝廷・公家社会における厳然とした慣習があり、そのうえ莫大な費用を要したからである。その実例を示しておこう。

まずは建久三年、頼朝の場合を『吾妻鏡《あづまかがみ》』『平家物語』にみると、あらかじめ朝廷から幕府に飛脚《ひきゃく》が遣わされ、任征夷大将軍宣旨《せんじ》を進めるという報が伝えられた。やがて勅使《ちょくし》一行が鎌倉に参着、すると頼朝は勅使を御所に迎えて二日にわたる饗応を催して引出物を進じ、宣旨を納めていた覧箱《らんばこ》に砂金百両（十包）を入れて返却した。そして勅使帰洛の際には、萌黄《もえぎ》威《おどし》の腹巻《はらまき》一領・銀作の太刀一腰・弓矢・鞍置馬《くらおきうま》十三頭・桑糸《くわいと》百十疋《ひき》・越布《えっぷ》千端《たん》・紺藍《こんあい》摺布《ずりぬの》百端を餞別とした。しかもそれらの贈り物は、家子郎党《いえのころうとう》ら十二人により荷駄三十の隊列を整え、近江《おうみ》境の宿まで送り届けさせたという。

頼家・実朝の時は勅使の鎌倉下向はなく、宣旨は六波羅《ろくはら》の留守に下された。続く摂家・親王将軍の場合も同様であったが、朝廷の宣旨下賜への返礼はいずれも頼朝の先例に倣って進上されたであろう。それは京都に幕府を置いた室町将軍の宣下も、頼朝の先例が踏襲されているからである。たとえば応安《おうあん》元年（一三六八）の足利義満《よしみつ》の時は、勅使が足利邸に下向、義満は将軍宣旨を受取ると、頼朝の例に倣って銀剣一腰と覧箱に砂金百両を納めて返している（『後愚昧記《ごぐまいき》』）。

また将軍義満が太政大臣《だじょうだいじん》となり武家の地位が向上した四代義持《よしもち》以降では、将軍宣旨と同時に官位・昇殿のほか、公卿以上の衣服着用を許される禁色、牛車《ぎっしゃ》、そのほか儀仗《ぎじょう》を整える兵仗《ひょうじょう》宣旨なども受け、宣旨ごとに応分の金品進上がなされるようになる。

この慣例は応仁《おうにん》の乱後にも認められ、延徳《えんとく》二年（一四九〇）の十代義材《よしき》の時も、「応安御例」

「鹿苑院殿御代」として、将軍宣旨に砂金二包（二十両）のほか、禁色・昇殿・参議並左中将・従四位下位記のそれぞれの箱に砂金一包（十両）が納められ、合計六包が進上されている（『義材将軍宣下記』）。

将軍宣下の際の金品進上は、徳川将軍でもなされた。慶長《けいちょう》八年（一六〇三）、伏見城《ふしみじょう》で行われた徳川家康の将軍宣下では、将軍宣旨のほかに右大臣・氏長者《うじのちょうじゃ》・淳和《じゅんな》奨学《しょうがく》両院《りょういん》別当《べっとう》・牛車・兵仗といった九通の宣旨を受領した。その際には将軍宣旨に砂金二十両、他の宣旨に十両ずつ、合計九十両の返礼がなされた（『東照宮《とうしょうぐう》将軍宣下記』）。

こうした将軍宣下にあたり、宣旨・位記《いき》の一通ごとに金十両の返礼は、二代秀忠以降にも踏襲される。四代家綱《いえつな》からは将軍の上洛はなく、勅使が江戸城に下向しての宣下となる。しかし家綱は当時十一歳であったが、征夷大将軍ほか十一通の宣旨を受領し、宣旨一通に砂金十両ずつの御礼を進上したのであった（『慶安《けいあん》四年将軍宣下記』）。

ここでは将軍宣下の際に下された宣旨や位記に対する御礼進上だけを述べたが、そのほかにも将軍の代替わりには、勅使への御礼はもとより、皇族・関白・大臣以下多くの公家衆や女房衆への御礼や挨拶回り、そのうえ幕府の諸大名との贈答や祝賀の饗応がなされているる。それゆえ将軍の座を得るには、朝廷・公家社会との広い人脈によるコネと、莫大な進上・献金を可能にする財力がともなわなければ不可能であったろう。

◆征夷大将軍を選ばなかった信長と秀吉

そこで問題になるのは織田信長と豊臣秀吉である。将軍職を得るには朝廷との人脈と財力が必要というなら、信長・秀吉の権力はまさに絶大であり、朝廷・公家から将軍宣旨を出させることなど容易であったはずである。けれども二人はあえてそうした方法をとらなかった。

信長は天正《てんしょう》元年(一五七三)に足利義昭を追放して室町幕府を滅ぼすと、政権主宰者として将軍就任と幕府の開設を考えたかもしれないが、これは実現しなかった。それは義昭が京都追放後も、将軍の肩書だけはそのままであったからである。おそらく朝廷は武断的な信長の幕府を嫌い、義昭をそのまま将軍として残したのであろう。

こうした公家社会の拒絶反応を意識した信長は、開幕の路線を断念して朝廷に接近した。そして天正二年に従三位叙任、ついで参議・大納言に進み右近衛大将をも兼ね、同四年に正三位・内大臣、そして五年には従二位・右大臣に叙任された。だが天正六年に入ると、信長の対公家政策は一転し、四月に信長は正二位、右大臣、右大将の官位のすべてを返上したのである。信長の言い分は、『兼見卿記《かねみきょうき》』に載せられている奏達状《そうたつじょう》によれば、いまだ征伐の功をあげていないので、先ずは官位を返上し、四海を統一したあかつきに、改めて登用の勅命に応じたいというものであった。

それから数年を経た天正十年三月、信長が甲斐武田《かいたけだ》氏を滅ぼすと、翌四月に朝廷から勅使が安土《あづち》に下向し、戦勝を祝って任官を勧め、携えてきた誠仁親王《さねひとしんのう》の消息には「いか様の官にも任ぜられ」、つまり太政大臣・関白・将軍の三職のうち、どの官職でも与えると記されていた。これは「三職推任《さんしょくすいにん》」の内意を伝えたものであろうが、信長を将軍に推任しようというのが朝廷側の考えであったと推測する研究者もいる。

これに対して東京大学史料編纂所元教授の橋本政宣《はしもとまさのぶ》氏は、誠仁親王消息の返し書の文言に「萬《よろず》御上洛の時、申し候べく候」、すなわち正式には信長上洛の折に面談しようとあり、また『公卿補任』十年条の太政大臣近衛前久《このえさきひさ》に「二月任、五月辞」とあることから、前久の辞任は信長が太政大臣推任の内意を受諾する意思を示していたことに対応したものであろうとしている（『近世公家社会の研究』）。

六月二日の本能寺《ほんのうじ》の変《へん》から一カ月後の七月十日付で、秀吉が毛利輝元《もうりてるもと》に宛てた書状で、信長を「大相国《だいしょうこく》」（太政大臣）と呼び、また十月十五日に秀吉が大徳寺《だいとくじ》で挙行した信長葬儀の法名に「捴見院殿《そうけんいんでん》贈大相国」とあるから、私は信長の贈太政大臣は信長死後に秀吉が奔走して勅許を得たものと考えていた。しかし太政大臣推任は、すでに信長生前に解決されていたことになる。

次は秀吉である。天正十三年七月十一日、秀吉は近衛前久の猶子《ゆうし》となって藤原姓を称し関白職となった。秀吉の関白任官について通説では、秀吉が亡君信長の遺子をさしおいて天下に号令するためには、織田家との身分関係を転換させる必要があった。そこで前将軍足利義昭の猶子となって将軍になることを策したが、義昭に拒絶されたため、関白任官を選んだといわれている。

けれども私は秀吉の関白任官を、なり損ねた将軍職の代替策とは考えていない。それは備中足守《びっちゅうあしもり》藩の『木下家文書』に収める天正十三年三月十日付の位記と、同じく従一位に叙した同年七月十一日付の位記の中に「征夷大将軍従三位守権大納言臣　義昭」として、足利義昭の名が記されているからである。むろん義昭の将軍職には実権がなく空名にひとしいが、義昭の将軍としての地位は、世間の認めるところであったのだろう。

それゆえ秀吉は、将軍か関白かという二者択一をせまられる前に、関白職を選んでいたように思われる。出自のコンプレックスもあり、朝廷や公家社会に対する憧れの念も強かった。官位昇進を喜びとしただけでなく、聚楽第《じゅらくてい》に後陽成《ごようぜい》天皇の行幸を仰ぎ、大村由己《おおむらゆうこ》に書かせた『天正記』では、天皇のご落胤であるかのような宣伝をもさせていた。

ただし、秀吉は既成の公家社会を無条件で容認し、これに埋没していたわけではない。天正十三年九月九日、秀吉は太政大臣となり、同時に豊臣《とよとみ》姓を賜って改姓している。

◆光秀が敗死しなければ将軍になっていたのか

これまで、「征夷大将軍になり損ねた男たち」を検証してきたが、最後にいま一人、本書では扱われなかった人物を取り上げておきたい。それは明智光秀《あけちみつひで》である。光秀は天正十年六月二日に、主君織田信長を本能寺に暗殺したが、わずか十一日後に秀吉軍と山崎《やまざき》で戦って敗死した。このことから、短期間しか政権の保持ができないことを明智にたとえ、俗に「三日天下」という言葉がある。

光秀叛逆の動機や原因については、怨恨説、野望説、室町幕府再興説などのほか、さまざまな奇説・珍説などが横行しているが、いずれも決定的な確証はない。

ただ室町幕府再興のためというのは、少々うがちすぎている。信長殺害後には、そうした正義を標榜したかもしれないが、光秀の過去の行動からすれば本心とは思い難い。立身出世を夢みて朝倉《あさくら》から義昭に鞍替えし、義昭の将来を見越せば素早く信長に走り、しかも隙あれば主君信長をも殺したような光秀の本音などは計り知れない。

そこでここでは、もしも光秀が敗死をせずに、いわゆる「三日天下」で終わらなかったとしたら、明智将軍の出現があり得たかもしれないという推論を述べておきたい。

信長暗殺という点からすれば、たしかにこの時は絶好のチャンスであった。織田の重臣のうち秀吉は備中高松城攻めの真最中。また柴田勝家《しばたかついえ》は越中《えっちゅう》の魚津《うおづ》にあり、滝川一益《たきがわかずます》は上州の厩橋《まやばし》（前橋《まえばし》）に、丹羽長秀《にわながひで》は信長の三男信孝《のぶたか》とともに四国に渡海しようとしている。それに徳川家康は泉州堺《せんしゅうさかい》の見物中、光秀をさえぎる軍勢は京都の周辺にはなかった。

光秀が九日付で細川藤孝《ほそかわふじたか》（幽斎《ゆうさい》）に送った自筆覚書の中でも、五十日、百日のうちに近畿を平定するといっているように、光秀は織田の重臣たちが出払っている今、信長を殺せば周囲の諸勢力は光秀に靡《なび》き、畿内平定ができると考えていたらしい。ところが期待に反して人々は動かなかった。光秀は意外な反応に狼狽し、焦燥にかられたことだろう。

同じ九日、光秀は洛東吉田社の吉田兼見《よしだかねみ》を訪ねて、朝廷に多額の金子を献じ五山をはじめ大徳寺・妙心寺などにも銀子を寄付し、洛中市民の税をも免じた。むろん歓心を集め、自己の立場を有利に導こうとしたのである。だがそれでも世間は動かなかった。

平安以来何度も支配者の交替を経験してきた京都の人々は、光秀の想像を超えてはるかに慎重であった。光秀の京都支配が、かりにもう一カ月も続いたなら、天下の形勢は有利に動いたかもしれない。時の権力者に媚《こ》びを売る勢力や大衆の動きも現れたであろう。そして好運が得られれば光秀の将軍宣下、明智幕府の出現があり得たかもしれない。その意味からすれば、光秀も「征夷大将軍になり損ねた男」であったといえよう。

けれども光秀は勝ち運に恵まれなかった。計算外の速さで秀吉が備中高松から引き返してきたからである。しかも、光秀軍の二倍半にあたる約四万の大軍を従えて。そのため光秀は全軍を集結させる余裕もないままに山崎で秀吉軍と戦って壊滅し、敗走の途中、小栗《おぐる》栖《す》で落ち武者を襲う野伏の竹槍に突かれて自刃した。六月十三日のことである。

光秀は、勝ち運に乗った秀吉に敗れた。しかし運というものは実力があってこそ恵まれる。実力闘争の戦国乱世、世論をひきつけるのは個人の力量であり、実力があればこそ大義名分もまかり通り、世間もまたこれを認めるのである。

令和元年十二月

國學院大學名誉教授　二木謙一

第一章 武家の棟梁〝将軍〟になり損ねた平安末期・鎌倉時代の人物

第二章 乱世に〝将軍〟になり損ねた室町・戦国時代の人物

第三章 太平の世に〝将軍〟になり損ねた江戸時代の人物

第一章

武家の棟梁〝将軍〟になり損ねた平安末期・鎌倉時代の人物

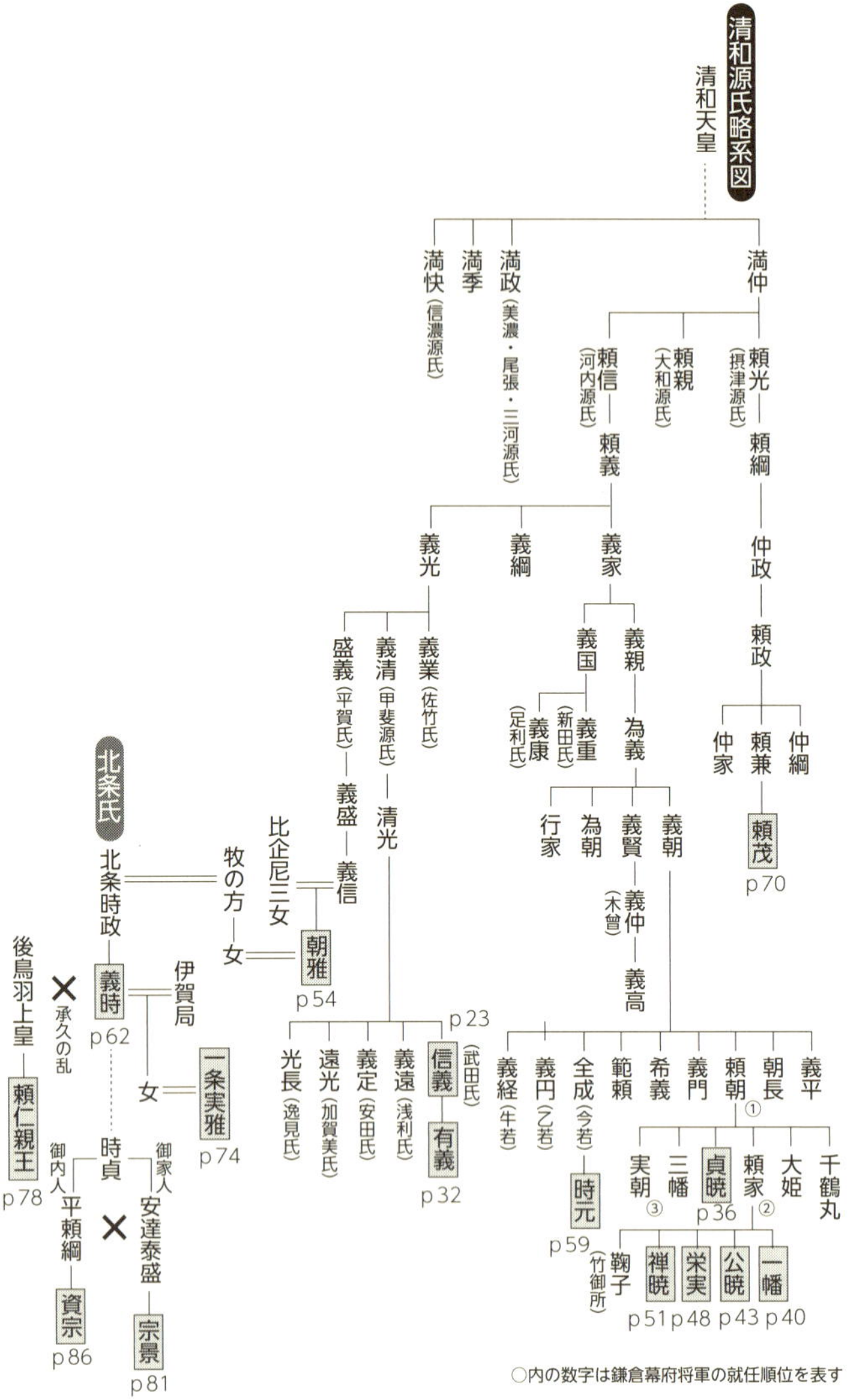

○内の数字は鎌倉幕府将軍の就任順位を表す

甲斐源氏

武田信義《たけだのぶよし》

頼朝に抵抗せず第三勢力に甘んじた甲斐源氏の棟梁

大治三年（一一二八）八月十五日～文治二年（一一八六）三月九日

◆中央と距離を置き独自に基盤を築いた甲斐源氏

新羅三郎義光《しんらさぶろうよしみつ》は河内源氏《かわちげんじ》の嫡流八幡太郎義家《はちまんたろうよしいえ》の弟である。

陸奥《むつ》での前九年の役《ぜんくねんのえき》で功があった清原氏《きよはら》の内紛に、陸奥守の兄の義家が介入した。この後三年の役《ごさんねん》に義家が苦戦していると知った義光は、左兵衛尉《さひょうえのじょう》の官職を辞して陸奥に向かい、兄を助けて金沢柵《かなざわのさく》を攻略して鎮定するなど、義に厚く文武に優れた武将である。

義光はその後に官に復し、刑部丞《ぎょうぶのじょう》から常陸介《ひたちのすけ》や甲斐守《かいのかみ》を歴任し、常陸平氏から妻を得て常陸国に根を張り、長男の義業《よしなり》の子孫は常陸で佐竹《さたけ》氏となった。

義業の弟義清《よしきよ》の系統は、畿内の河内源氏とは離れて甲斐や信濃《しなの》で武田《たけだ》氏、小笠原《おがさわら》氏、南部《なんぶ》氏となり、義光四男の盛義《もりよし》の子孫は平賀《ひらが》氏となり、それぞれの地で百年にわたって繁栄していった。

武田信義《のぶよし》は義清の子清光《きよみつ》の次男として生まれた。保延《ほうえん》六年（一一四〇）に十三歳で武田八幡宮で元服し、武田太郎信義を名乗り甲斐源氏の棟梁になる。

◆頼朝とは別に平氏打倒の令旨を受けて挙兵

治承《じしょう》四年（一一八〇）四月九日、後白河法皇《ごしらかわほうおう》の第三皇子以仁王《もちひとおう》は、摂津《せっつ》源氏の棟梁源頼政《みなもとのよりまさ》と図って、諸国の源氏と大寺社に平氏討伐の令旨《りょうじ》を発した。

この令旨は、頼朝の叔父新宮十郎行家《しんぐうじゅうろうゆきいえ》が東国の源氏に届けており、伊豆《いず》に配流されていた源頼朝《よりとも》の許には四月二十七日に、甲斐源氏の棟梁武田信義や信濃の木曾義仲《きそよしなか》にはその前後に届けられたと思われ、頼朝、信義、義仲の三者は、それぞれが挙兵の機会を探った。

その間の五月に以仁王は挙兵し、二十六日には宇治平等院での戦いに敗れて平等院を脱したが、敵の矢に当たり討ち取られていた。

六月二十七日、京で大番役《おおばんやく》を務めていた三浦義澄《みうらよしずみ》と千葉胤頼《ちばたねより》が、帰路に平氏から監視されている伊豆の頼朝を訪ねてきた。彼らは以仁王の挙兵を平氏方で参加していたが、それらの体験から平氏の世が長くないことを感じ、頼朝に決起を促したとされる。

以仁王はすでに討たれていたが頼朝は挙兵を決意した。かつて父義朝《よしとも》に従っていた武士たちへ足立《あだち》（安達）盛長《もりなが》や中原光家《なかはらみついえ》を送って参陣を促したが、山内首藤経俊《やまのうちすどうつねとし》や波多野義常《はたのよしつね》などは、嘲笑《あざわら》って合力を拒否していた。

頼朝の父義朝の妹を妻にしていた佐々木秀義《ささきひでよし》は近江《おうみ》の所領を追われ、頼朝の兄義平《よしひら》の郎党であった渋谷国重《しぶやくにしげ》の世話になっており、定綱《さだつな》、経高《つねたか》、盛綱《もりつな》、高綱《たかつな》の四人の子は頼朝の許に通って仕えていた。

頼朝は従兄弟でもある佐々木兄弟を戦力の中心にして、挙兵決行は八月十七日早朝に決定した。だが当日は、川の増水で頼みの佐々木兄弟が遅れたため、深夜に伊豆目代《もくだい》の山木《やまき》兼隆《かねたか》の屋敷と山木を後見する堤信遠《つつみのぶとお》邸を襲撃し、旗揚げに成功した。

その後、西相模《さがみ》や伊豆の中小領主たちが駆けつけたので、頼朝勢は三百人ほどになり、二十日には三浦半島から西に向かってくる三浦一族と合流するために相模に向かった。だが、丸子川《まるこかわ》（酒匂川《さかわがわ》）が雨によって増水し、三浦勢との合流は困難になり、二十三日には相模《さがみ》の石橋山《いしばしやま》に陣した。

甲斐源氏の武田信義と嫡男の一条忠頼《いちじょうただより》や信義の弟安田義定《やすだよしさだ》らは、八月には独自で挙兵していたと思われる。信義の麾下には伊豆の豪族と姻戚関係にある者がいて、頼朝の動きが伝わると、頼朝勢に合流するために石橋山に向かおうとした。

だが頼朝は、大庭景親が率いる三千の軍に敗れ、石橋山背後の椙山《すぎやま》に逃れた。頼朝は少数の従者と五日間ほど山中を彷徨《さまよ》ったが、箱根権現の別当行実《ぎょうじつ》が弟の永実《えいじつ》に食糧を持たせて頼朝の行方を捜させたので、頼朝主従は箱根山に逃げ込むことができた。

この間、武田信義ら甲斐源氏は、信濃に向かって平氏に味方する者を討っていた。大庭景親の弟俣野景久《またのかげひさ》や駿河目代の橘遠茂《たちばなとおしげ》の軍勢が甲斐の平定に向かい、八月二十五日には富士山の北麓と思われる波志田山《はしたやま》の陣を安田義定が強襲して敗走させている。甲斐源氏は甲斐と信濃を完全掌握した。

相模では三浦一族が立て籠もった衣笠城《きぬがさ》に、畠山重忠《はたけやましげただ》らの秩父《ちちぶ》一族が押し寄せた。三浦一族は八月二十六日の戦いで壊滅的な打撃を受け、勢力圏である安房《あわ》に向けて撤退した。

頼朝も、二十八日には真鶴岬《まなづる》から安房を目指しており、二十九日には安房国猟島《りょうしま》で三浦一族と合流した。安房の豪族安西景益《あんざいかげます》は、幼少時の頼朝に仕えていた者で、頼朝は父の義朝が拠点にした丸御厨《まるのみくりや》から各地の豪族に使者を送った。

九月八日には、北条時政《ほうじょうときまさ》が頼朝の「甲斐源氏を引き連れて信濃の平家方を討て」という命を受け、甲斐に向かっている。

頼朝の従兄弟の木曾義仲の兄仲家《なかいえ》は、源頼政の養子になっており、以仁王の挙兵により宇治平等院で戦死していた。義仲は信濃を中心として勢力を固めていった。

◆頼朝軍に合流し富士川で平氏軍を撃退

武田信義らは信濃の平氏方を討ち、九月十四日には父の清光が居城とした甲斐の逸見山《へんみやま》に帰っていた。その翌日に北条時政が到着し、頼朝の伝言が伝えられた。

一方の頼朝には、十九日に上総介広常《かずさのすけひろつね》が二万の大軍を率いて合流し、関東の諸豪族を収容しながら、義朝が関東の拠点とした鎌倉《かまくら》に向かった。

二十日に頼朝は土屋宗遠《つちやむねとお》を甲斐に向かわせて、北条時政を案内人とした武田信義らに、黄瀬川《きせがわ》あたりで平氏軍を迎え撃つと伝えた。

頼朝の挙兵は、大庭景親《おおばかげちか》によって九月一日には福原《ふくはら》の平清盛《たいらのきよもり》に報告されていた。清盛は、五日には孫の維盛《これもり》を総大将にした追討軍の派遣を決定したが、西国の飢饉で追討軍の編成は進まず、二十二日に福原を発し、二十九日になって京から東国に向かった。

平氏軍は進軍途中で兵を掻き集め、一時は七万の軍勢と称していたが、飢饉で兵糧に苦しんでいた。だが関東に飢饉はなく、頼朝は平氏が頼朝征討軍の編成に手間取っている間に、関東の武士を支配下に置き、二十万という勢力になっていた。

十月一日には、波志田山の戦いで潰走した橘遠茂が、駿河の興津《おきつ》に陣を構え、十三日には平維盛と忠度《ただのり》を大将とする平氏軍が駿河国に入った。大庭景親は千騎を率いて平氏軍に合流しようとしたが、甲斐源氏に行く手を阻まれたため軍を解散して逃亡していた。

十月十六日、頼朝は大軍を率いて鎌倉を発ち、黄瀬川に向かった。十七日に武田信義は平氏軍の総大将維盛に挑戦状を送り、独自で平氏と対する気概を見せていた。だが平氏にはそれに応えることもできなかった。

北条時政に導かれた甲斐源氏の武田信義は、二万の兵を率いて黄瀬川の頼朝と合流した。二十日に頼朝は富士川西岸の平氏軍と対峙した。だが平氏方は、戦える状況ではなく、武田信義の軍が富士川の浅瀬に馬を乗り入れると、大混乱に陥って総崩れになって潰走した。

◆第三勢力として警戒された甲斐源氏

この時点で、東国には源頼朝、武田信義、木曾義仲という三人の源氏の棟梁が存在していた。なかでも武田信義は、独力で二万の軍勢を招集できる大勢力であった。

流人であった頼朝には少数の従者しかなかったが、義家から父義朝の時代まで、関東に扶植した河内源氏を継ぐ者という筋と、前右兵衛権佐《さきのうひょうえごんのすけ》という官歴があり、平治《へいじ》の乱では父義朝の陣営にいたということで関東の武士たちには身近な存在で、それらのことから関東の武士から擁され、時代の流れに乗って彼らを支配していた。

木曾義仲も金刺《かなさし》一族や中原《なかはら》一族を腹心としているが、平氏の時代でも勢力を温存していた甲斐源氏の力には比べようもない小さな勢力であった。

関東で朝廷に対抗する武士政権を作った頼朝は、甲斐源氏の棟梁武田信義を駿河国守護に任じていた。だが、甲斐源氏が大勢力を維持したことが徒《あだ》になって、これまで結束していた甲斐源氏が分裂するようになった。信義の弟の加賀美遠光《かがみとおみつ》とその子の小笠原長清や信義の五男の武田信光《のぶみつ》は頼朝に接近するようになったが、安田義定は木曾義仲と平氏を追って京に入り、その功で朝廷から遠江守《とおとうみのかみ》に任じられた。

やがて頼朝と義仲が対立関係になると、信義をはじめ甲斐源氏は頼朝との協調路線を選び、義仲追討の戦いや平氏殲滅の戦いに参加していった。

だが、棟梁の一人木曾義仲を滅亡させた頼朝は、もう一人の棟梁である甲斐源氏の武田信義の潜在勢力を警戒していた。

この状況を察知した後白河法皇は、甲斐源氏を頼朝に対抗させようと策動した。養和《ようわ》元年（一一八一）に、後白河法皇が武田信義を頼朝の追討使に任じたという風聞が流れた。

甲斐源氏の棟梁信義にも、征夷大将軍になる資格があるが、信義には頼朝に取って代わる意思もなく、鎌倉に召喚されると「子々孫々まで弓引くことはあるまじ」という起請文を上呈して服従し、頼朝の御家人の地位に甘んじた。

このとき、武田信義が後白河法皇の策略に乗っておれば、頼朝が望むところであっただろう。源氏には平氏のように、共に繁栄しようという同族愛は一切なく、裸同然で関東に政権を興した頼朝は猜疑心《さいぎしん》が深く、常陸の佐竹秀義《さたけひでよし》や叔父の志田義広《しだよしひろ》を攻めて敗走させている。まして、大勢力を維持していた武田信義を滅ぼしたいと思っていたに違いない。

平氏は西国で勢力を回復させたが、寿永《じゅえい》三年（一一八四）二月の一《いち》ノ谷《たに》の戦いで敗れて、四国に向けて逃走した。幾内が安泰したことで武田信義の嫡男一条忠頼は凱旋した。

五月に頼朝は、木曾の残党掃討を名目にして信濃や甲斐に出兵していた。だがこれは甲斐源氏に不穏な動きがあれば直ちに討伐する布石であった。

元暦《げんりゃく》元年（一一八四）六月十六日、一条忠頼《ただより》は鎌倉での酒宴に招かれ、頼朝の命を受けた天野遠景《あまのとおかげ》によって討ち取られたのである。忠頼殺害の理由は明確ではないが、忠頼は朝廷から武蔵《むさし》守に任じられていたともされ、頼朝は御家人が貴族社会に組み込まれることは、関東の武士政権に害をおよぼすとしており、同時に甲斐源氏の勢力縮小を狙ったものと思われる。朝廷から遠江守に任じられた安田義定も、後に謀反の疑いで殺害されている。
その後の平氏との戦いで、信義の三男板垣兼信《いたがきかねのぶ》は、自分よりも身代が小さい土肥実平《どひさねひら》の下で戦うことに不満を持ち、頼朝に訴えていた。頼朝は土肥実平のように旗揚げに馳せ着けた武士を、他の武士より一段上に置き、訴訟があっても彼らが勝訴するという特別扱いにしていた。頼朝は板垣兼信の訴えを甲斐源氏の傲慢《ごうまん》と受け取り、板垣兼信に対して土肥実平が上位にあると返答していた。後に板垣兼信は隠岐《おき》に流されている。

一条家の家督は信義の五男信光の子信長《のぶなが》が継承し、加賀美遠光へは、頼朝が朝廷に信濃守の任官を申請して厚遇し、甲斐源氏の一族間に弾圧と融和を使い分けていた。信義は度重なる頼朝の挑発に乗らず、文治《ぶんじ》二年（一一八六）に病死したとされ、武田氏は頼朝寄りの五男信光が継承し、後の武田信玄《しんげん》に繋がっていく。

現在の日本はアメリカの核の傘があることで、アメリカに臣従しているような立場である。だがアメリカは日本の経済力等を弱めようとして、いろいろと難問を突き付けてきている状況は、武田信義に似た存在になっている。現日本政府には、強引なアメリカの要求にも、信義のように耐える方向を選んだように見える。

甲斐源氏

武田有義《たけだありよし》

梶原景時から将軍に推されたが釈明もせずに逐電

生年不詳～正治二年（一二〇〇）？

◆頼朝に叱責され面目を失った有義

武田有義《ありよし》は甲斐源氏の棟梁武田信義の四男で、信義の双子の弟逸見光長《へんみみつなが》の養子になり、平清盛の嫡男重盛《しげもり》に仕えて左兵衛尉《さひょうえのじょう》に任官していた。

治承四年（一一八〇）に、以仁王の平氏討伐の令旨が父の信義に届くと、甲斐源氏は挙兵を決意し、有義も甲斐に帰って参加している。

有義の父信義に率いられた甲斐源氏は、甲斐や信濃で平氏方を掃討し、反平氏勢力の中心的な存在になった。だが、京に残した有義の妻子は殺害されて梟首《きょうしゅ》されるという悲劇もあった。

頼朝は、平氏の討伐を進める一方で、武田信義の甲斐源氏など有力勢力の分断を図った。甲斐源氏は一条忠頼が誅殺され、板垣兼信、安田義定などの有力者が次々と没落していき、甲斐源氏の中心は有義になった。

文治四年（一一八八）の、鶴岡八幡宮での大般若経供養《だいはんにゃきょうくよう》で、有義は頼朝から太刀を捧げ持って従う御剣《ぎょけん》の役を命じられたが渋る様子を見せた。有義にすれば、甲斐源氏の棟梁が務める役ではないとしたかったのだろうが、頼朝は有義が重盛の御剣の役を務めたことを知っており、そのことを指摘して有義を満座の中で叱責したので、有義は面目を失ってしまった。

◆梶原景時の変に連座し逐電

正治《しょうじ》元年（一一九九）正月、頼朝は前年十二月に稲毛重成《いなげしげなり》が催した橋供養の帰途に発病し、帰り着いた鎌倉で死亡した。跡を継いだのは、十八歳の嫡男頼家《よりいえ》である。

頼家は流人時代の頼朝を支えた比企尼《ひきのあま》の養子比企能員《ひきよしかず》に養育され、大江広元《おおえのひろもと》の補佐を受けて政務を行っていたが、苦労知らずに育ったことで御家人たちに気遣うこともなく、独断的なものだった。そのため四カ月後には、幕府の政務は十三人の重臣による集団指導体制が執られた。

それでも頼家は、建仁《けんにん》二年（一二〇二）七月従二位に叙されて征夷大将軍を宣下された。

頼家が一の郎党とする梶原景時《かじわらかげとき》は文武に秀でていたが、侍所別当として御家人の動向に目を光らせて讒訴《ざんそ》する癖があった。頼朝時代にも景時が訴えた者が潔白を証明したので、その償いに道普請を命じられたこともあり、御家人から恨みを買いやすい人物であった。

幼少から頼朝に仕えた結城朝光《ゆうきともみつ》が、侍所で頼朝を慕って「忠臣は二君に仕えずと聞くが、自分は頼朝様から厚恩を蒙り、御遺言もあって出家も遁世《とんせい》もしなかったので後悔し……」と嘆いていた。それを聞いていた梶原は、朝光の「二君に仕えず」の一言を取り上げて、頼家へ結城朝光に謀反の気配があると讒訴したのである。

ところが、それを頼家の母政子《まさこ》の妹阿波局《あわのつぼね》が聞いており、朝光に気を付けるようにと伝えた。驚いた朝光が三浦義村《みうらよしむら》に相談すると、義村は御家人たちに呼びかけた。六十六人の御家人が鶴岡八幡宮に集まり、景時に対する不満を噴出させて朝光救済の連判状を大江広元に提出したのである。

広元は景時の官僚としての才覚を惜しんで、連判状を手許に留め置いたが、和田義盛《わだよしもり》に強く迫られて、やむなく将軍頼家に報告した。頼家は景時に弁明を求めたが、景時は抗弁せず、所領の相模国一ノ宮に引き下がった。

正治二年正月二十日、京の政界に縁故がある景時は、一族を率いて京に上るために一ノ宮を出立した。景時一行が駿河《するが》国清見関《きよみがせき》（静岡県清水区）近くを通りかかると、在地武士たちに怪しまれて合戦になり、景時をはじめ一族三十三人は討ち死にした。

この事件に関連して、有義の弟信光《のぶみつ》が、梶原景時は兄有義を征夷大将軍に奉じる反乱を目論んだとして幕府に訴え、有義への景時の密書が発見されたと『吾妻鏡《あづまかがみ》』にある。

景時に同心したという嫌疑をかけられた有義は、言い逃れも通用しないとしたのか甲斐から逐電《ちくでん》して以後の歴史には登場していないため、真相は藪の中である。梶原景時と武田有義が親しく交わっていたという具体的なことはなく、その後に甲斐源氏の棟梁は信光になったので、信光が有義を引きずり落とす工作だったとも考えられる。

また、景時一行が襲撃を受けた駿河国は北条時政《ほうじょうときまさ》の勢力範囲であり、景時糾弾の火付け役の阿波局は時政の娘で、頼家の弟千幡《せんまん》（実朝《さねとも》）の乳母であった。この後に時政は実朝を傀儡《かいらい》将軍にしようとしていく。

やがて時政は有力御家人を次々と粛正していくが、景時の追放は、その後に続く北条氏の有力御家人排除のはじまりであった。

有義は、巨大な権力に抗することも弁明もしなかったが、すべては北条氏が企んだことを知っていたのかもしれない。

頼朝庶子

鎌倉法印貞暁《かまくらほういんじょうぎょう》

政権への野心を持たず天命を全うした頼朝の庶子

文治二年（一一八六）二月二十六日〜寛喜三年（一二三一）二月二十二日

◆政子の嫉妬を受けた頼朝の愛人

源頼朝には正室北条政子との間に、治承二年（一一七八）誕生の大姫《おおひめ》、寿永元年（一一八二）誕生の頼家、文治二年（一一八六）誕生の三幡《さんまん》、建久《けんきゅう》三年（一一九二）誕生の実朝がいる。

頼朝は政子と結ばれる前に、伊東祐親《いとうすけちか》の三女八重姫《やえひめ》との間に千鶴丸《せんづるまる》が誕生していた。だが、京の大番から帰った祐親は、流人の頼朝との間に子ができたことに激怒し、平氏に聞こえることを恐れて、この子を殺害したとされている。

頼朝は他にも愛人があり、政子が頼家を懐妊したときに、伊豆時代からの愛人「亀《かめ》の前《まえ》」を鎌倉に呼び寄せ、小坪《こつぼ》の中原光家《なかはらみついえ》の屋敷に住まわせていた。その後に頼朝は、亀の前を伏見広綱《ふしみひろつな》の屋敷に移していた。

政子が無事頼家を産み御所に帰ったところ、北条時政の後妻牧《まき》の方《かた》が亀の前のことを耳に入れたのである。政子は牧の方の父牧宗親《まきむねちか》に、広綱の屋敷の破壊を命じた。広綱は亀の前をともなって、鐙摺《あぶずり》（葉山町）の大多和義久《おおたわよしひさ》の屋敷に逃げ込んだ。怒った頼朝は牧宗親の髻《もとどり》を切って恥辱を与えた。この仕打ちに怒った北条時政は所領の伊豆に帰ってしまった。

その後、頼朝は亀の前を再び中原光家の屋敷に住まわせているが、政子の怒りは伏見広綱に向けられ、広綱を遠江国に配流したとされる。夫婦喧嘩は犬も食わないというが、これに巻き込まれて配流された広綱こそ迷惑な話だ。

◆政子から逃れる頼朝の庶子

奥州伊達《だて》氏の祖になる御家人伊達朝宗《ともむね》の母は、頼朝の叔父源為朝《ためとも》の娘で、頼朝は朝宗の母方の従兄弟という関係になる。その伊達朝宗の娘の大進局《だいしんのつぼね》は大倉御所《おおくらごしょ》に仕える女房《にょうぼう》だが、頼朝は嫉妬深い政子の目を盗んで密かに大進局を寵愛していた。

やがて大進局は妊娠し、文治二年二月に、長門景遠《ながとかげとお》の由比《ゆい》の別宅で男子を出産した。この前後に政子も次女三幡を出産しており、政子が「不快である」としたため、大進局の子の出産の儀式はできなかった。景遠は大進局と子の亀王丸《かめおうまる》を連れて深沢《ふかさわ》あたりに逃れたという。

頼朝も政子の嫉妬に困り果てたようで、建久二年には、大進局に京に近い大進局の弟常陸三郎資綱《ひたちさぶろうすけつな》が地頭である伊勢国三箇山《みつごやま》（亀山市）の所領を与えて向かわせることにした。亀王丸は、頼朝と同母の妹坊門姫《ぼうもんひめ》を妻にした一条能保《いちじょうよしやす》の養子とした上で、仁和寺《にんなじ》の隆暁《りゅうぎょう》法眼《ほうげん》の弟子にすることにした。

亀王丸は、建久三年五月に上洛するが、出発前夜に頼朝が由比の家を訪れ、亀王丸に太刀を与えたという。亀王丸は出家して貞暁《じょうぎょう》を名乗るようになる。

◆世間と隔絶し四代将軍への意志がなかった貞暁

貞暁は修行を重ねた後に高野山《こうやさん》に入った。異母兄の頼家や異母弟実朝が権力争いで命を落としていったが、俗界から離れて修行を積み、通称を鎌倉法印《ほういん》とした。

頼朝の血を引く貞暁には鎌倉殿になる資格がある。承元《しょうげん》二年（一二〇八）三月、母の実家の伊達氏が貞暁を次の将軍に就けようとして、執権北条氏に追われ逃亡したとされる。

また、同年十二月に政子は頼朝の供養のために弟の北条時房《ときふさ》を従え、念願の熊野詣《くまのもうで》を行い、その帰りに高野山の貞暁に会ったとされる。この時政子は貞暁に将軍への野心があるかを確かめたとされ、貞暁は目を抉《えぐ》ってその意志はないとしたとする話もある。

これらの逸話は全面的に信じられないが、貞暁の誕生を認めなかった政子も、生家の北条氏の繁栄のために次々と子や孫が犠牲になり、晩年には貞暁に帰依《きえ》するようになった。

貞暁は政子の資金援助を受けて、高野山の妙《みょう》・法《ほう》・蓮《れん》・華《げ》・経《きょう》にちなむ五坊を五坊《ごぼうじゃく》寂静院《せいいいん》とし、その経智坊《きょうちぼう》に阿弥陀堂《あみだどう》を建立した、そこに安置した阿弥陀如来座像の胎内に父頼朝の遺髪を納めて供養し、異母弟の三代将軍実朝のためにも五輪塔を設営して追善をしたという。

幻の四代将軍であった貞暁は、寛喜《かんぎ》三年（一二三一）に四十六歳で死去し、これにより頼朝の血を受け継ぐ男子は途絶えた。北条氏が支配する幕府は、その以前の嘉禄《かろく》二年（一二二六）に、頼朝とわずかな血縁がある坊門姫の曾孫三寅《みとら》を四代将軍に迎えていた。

貞暁の賢明な判断によって鎌倉幕府のお家騒動は防がれたが、現在の企業内部でも、創業家が権利を主張することもよくある。そこには企業のトップに立つ権力欲が見え、社員も見捨てられた感がある。複雑なビジネス界の中で、貞暁のように爽やかな振る舞いを求めることは、無理なのだろうか。

頼家嫡男

一《いち》幡《まん》

比企氏と運命をともにさせられた幻の鎌倉三代将軍

建久九年（一一九八）～建仁三年（一二〇三）九月二日

◆将軍頼家の危篤により幕府は日本を二分

二代将軍頼家は、寿永元年（一一八二）八月に、流人時代の頼朝を支えた比企尼《ひきのあま》の養子比企能員の屋敷で誕生し、幼名を万寿《まんじゅ》とされた。

母の政子が万寿を懐妊したとき、父の頼朝は鶴岡八幡宮参道を整備し、御家人たちが働いて段葛《だんかづら》を作っており、周囲の祝福を一身に受けて誕生した。

比企能員が万寿の傅役《もりやく》となり、比企尼の娘は、足立（安達）盛長、伊東祐清《いとうすけきよ》、河越重頼《かわごえしげより》、平賀義信《ひらがよしのぶ》らの妻になっており、彼女たちは万寿の乳母となっていた。

万寿は比企一族に取り囲まれて成長して頼家となり、建久九年（一一九八）に比企能員の娘若狭局《わかさのつぼね》との間に一幡《いちまん》が生まれている。

翌年一月に頼朝が急死し、頼家は苦労知らずに育ったため、訴訟で独断的な裁定を下したことで、幕府の政務は十三人の有力御家人が合議で決するようになった。頼家に近侍した梶原景時が御家人たちから反発されて失脚し、舅の比企能員が頼家を支えていた。

建仁《けんにん》二年（一二〇二）七月に、頼家は二代将軍に就任するが、不摂生な生活もあって体調不良になり、翌年八月には危篤状態に陥ってしまったのである。

幕府は朝廷に対して、急いで家督相続の処置をとり、諸国惣守護職と関東二十八カ国の地頭職は頼家の子で六歳の一幡に、関西三十八カ国の地頭職は頼家の弟千幡《せんまん》（実朝）十二歳が継承することになった。

幕府の処置から、次期将軍は一幡ということがうかがい知れるが、一幡が将軍になったからといって、北条氏に擁された千幡の地頭職を奪うことはできないため、内戦の勃発を内蔵した処置であった。

◆北条氏の野望の犠牲になった一幡

比企能員は、この分割統治に怒り、千幡とそれを取り巻く北条氏を排除しようと、意識が混濁する頼家に訴えたが、このことを政子が聞き、父の時政に知らせたのである。

策謀にかけては時政に敵う者はいない。時政は大江広元に比企氏討伐を了承させ、仏像供養を名目にして能員を自邸に招いた。能員は一族に引き留められたが平服で時政邸を訪れ、時政側近の天野遠景《あまのとおかげ》と仁田忠常《にったただつね》に討ち取られてしまった。

比企一族は一幡の小御所に立て籠もり、政子は比企一族の謀反として御家人たちに討伐を命じた。比企一族の必死の抵抗で寄せ手にも多くの被害を出したが、館に火を放って一幡も比企一族も炎の中で滅亡してしまった。

間もなく、頼家は危篤状態を脱して、病状が若干回復した。一幡と比企一族が滅ぼされたと知って激昂し、能員を殺害した張本人の仁田忠常と侍所別当の和田義盛を呼び、北条時政の追討を命じる御教書を下した。だが幕府は、すでに朝廷へ頼家が病死したので跡を継いだ千幡に征夷大将軍を任命されたいという要請を出していた。

政子や時政には、後継第一位の一幡を次期将軍にという考えはなく、比企館を逃れた一幡を探し出して殺害したという説もある。政子は後に九条道家《くじょうみちいえ》の子で二歳の三寅を四代将軍に迎えて後見していることから、一幡が幼いという理由は当てはまらないだろう。

祖母に愛されなかった一幡こそあわれである。政子は頼家に出家を命じ、将軍の座から引きずり下ろした。頼家は伊豆の修禅寺に幽閉され、義時が放った刺客により暗殺され、残された頼家の遺児たちは、荒波の中を漂っていった。

頼家庶子

公《く》暁《ぎょう》

打倒北条氏を目論む三浦氏の甘言に乗り実朝殺害

正治二年（一二〇〇）～承久元年（一二一九）一月二十七日

◆政子に愛された頼家の次男

公暁《くぎょう》は頼家の次男として生まれ、幼名は善哉《ぜんざい》とされた。

母は源為朝の娘と尾張源氏足助重長《あすけしげなが》との間に生まれた女性で、公暁には源為朝は母方の曾祖父になる。善哉は三浦義村《みうらよしむら》を傅役として育っていたが、父の頼家が将軍職を廃されると、鶴岡八幡宮別当尊暁《そんぎょう》の弟子とされて修行していた。

祖母の政子は、頼家殺害に加担しないまでも、反対しなかったことを後悔したようだ。その罪滅ぼしをするように善哉を引き取って、七歳の袴着の儀式を盛大に行うなど、無性に可愛がった。

さらに政子は、建永《けんえい》元年（一二〇六）には善哉を三代将軍実朝の猶子《ゆうし》とした。このとき政子は、子のいない実朝後の将軍に善哉を構想していたのかもしれない。

善哉が十二歳になると、鶴岡八幡宮別当から公暁の法名を受けさせ、次いで三井寺で修行させるために上洛させた。公暁が十八歳になった建保《けんぽう》五年（一二一七）に、政子は公暁を鎌倉に呼び戻して鶴岡八幡宮別当に就任させている。

その間に和田合戦によって和田義盛が滅び、それに勝利した北条義時《よしとき》は、政所と侍所の両別当を兼任するようになり、幕府の政治機構の上に執権を置くようになっていく。

北条義時は、頼朝が旗揚げした時には十八歳くらいで、義兄である頼朝の側近くに仕え、後に頼朝から一番の家の子（血縁のある家来）とされている。

義時は父時政の強烈な個性の陰に隠れていたが、父の時政が謀略を用いて、政敵の梶原一族、比企一族、畠山一族を次々と滅亡させたが、これらの豪族が健在なら必ず義時のライバルになっており、その面では幸いであった。

北条氏の急激な台頭に危険を感じた三浦氏の総帥義村《よしむら》は、常に北条氏に協力して一族の保全を図っていたが、北条氏の後塵を拝して焦りもあった。一族の和田義盛が打倒北条義時の兵を挙げても義村は北条方に加勢し、若輩の千葉胤綱《たねつな》から「三浦犬は友を喰らうわ」と罵られて御家人たちに信頼がなかった。

義村は幼い頃に養育していた公暁と接触していたようで、公暁を利用して北条体制を崩壊させる策略を巡らせていたのだろう。だが、北条方に筒抜けであったと思われる。

◆三代将軍実朝は皇子を後継者に考えていた

実朝が八歳の時に父頼朝が急死していた。兄頼家が将軍になり北条氏と対立して失脚し、新将軍になったとき、実朝は十二歳であった。その翌年の元久《げんきゅう》元年（一二〇四）七月に頼家は、幽閉先の修禅寺《しゅぜんじ》で義時の刺客によって暗殺された。

北条氏が養育した実朝が三代将軍になり、義時が後見するようになると、義時は幕府政治の安定を目指して、幕府中枢への権力集中を狙って豪族たちの力を削いでいくようになり、義時も父に劣らぬ権謀術数をめぐらせる男になっていた。

北条氏は一族を上げて実朝を養育していたが、実朝は兄のような最期になることを警戒していた。時政は後妻の牧の方と共謀して実朝を殺害しようとしたこともあり、信用ならなかった。

実朝は子がいないことで、官位を高めて朝廷から皇子を求めて後継者にする考えを持っていたとされる。建保六年二月に、朝廷に左大将への任官を求め、三月に左近衛大将兼左馬寮御監《ごげん》を受け、十月には内大臣を兼ねるようになった。さらに十二月には、九条良輔《よしすけ》の死によって右大臣に転じた。

武家としてはじめての右大臣で、後鳥羽上皇《ごとばじょうこう》から装束や車が贈られて、実朝の正室信子の兄である権大納言坊門忠信《ぼうもんただのぶ》や権中納言西園寺実氏《さいおんじさねうじ》ら五人の使者が鎌倉に来た。

◆三浦氏に操られ親の仇を間違えた公暁

右大臣昇進を祝う鶴岡八幡宮拝賀の式典は、翌承久《じょうきゅう》元年（一二一九）正月二十七日に行われた。当日は夕方から雪が降り、二尺（約六〇センチ）も積もった。

実朝は牛車で御所から鶴岡八幡宮の楼門に酉《とり》ノ刻（午後六時）に到着すると、御剣役を務めるべき北条義時が体調不良を訴え、その役を実朝側近の源仲章《なかあきら》に譲って退去した。義時は、この後に起こる惨劇を知っていたからこその行動であると思われる。

鶴岡八幡宮での拝礼の儀や宴座などが終わり、実朝が退出する頃には夜もふけていた。束帯《そくたい》姿の実朝を源仲章が松明《たいまつ》を持って先導すると、公暁が飛び出してきて実朝に斬りつけた。実朝は公暁の一の太刀を笏《しゃく》で避けたが、次の太刀で斬られ「広元やある」と言って息絶えた。

公暁は「親の仇は、かく討つものぞ」と叫び、配下の僧たちに御剣役の源仲章を「それが義時だ」と命じて殺害させた。公暁は実朝の首を抱えて闇の中を逃走し、後見の備中阿闍梨《あじゃり》の北谷《きたがのやつ》の宅に逃げ帰り、湯漬けを食うときにも実朝の首を離さなかったという。

公暁は三浦義村の屋敷に使いを出すが、義村は「迎えの使者を送ります」と返事して義時の屋敷に使者を送って報告すると同時に、義時の生存を確認していた。

三浦義村が公暁に実朝と義時を親の仇と教え、討たせようとしたのは明らかだろう。だが、公暁にはっきりと義時を討てとしておれば、公暁は実朝ではなく義時を討っていたと思われる。義村は義時を討ち漏らした公暁を始末せねばわが身が危険なため、大庭景親《おおばかげちか》の従兄弟で石橋山の戦いで佐奈田義忠《さなだよしただ》を討った長尾定景《ながおさだかげ》を公暁の討伐に差し向けた。

公暁は義村からの迎えが遅いので、自ら義村の屋敷に向かった。途中で討手と遭遇したので斬り散らし、義村屋敷の板塀を乗り越えようとしたところを討ち取られたという。

公暁が暴挙を起こさなければ、政子の寵愛や実朝の猶子であったことからも、実朝の次の将軍になっていた可能性はあっただろう。公暁は勇名を馳せた源為朝の曾孫という血からか武道に優れていたとされるが、僧として長年修行しておりながら、義村の話に乗り実朝を殺害すれば将軍になれると信じたようだ。身の回りの情勢を正確に把握できない単細胞では、公暁が将軍になっても、長くは続かなかったように思える。

頼家庶子

栄実《えいじつ》

二度も将軍に擁されるも北条氏打倒を果たせず自害

建仁二年（一二〇二）～建保二年（一二一四）十一月十三日

◆泉親衡から将軍に擁された千寿丸

頼家三男の千寿丸《せんじゅまる》の母は法橋《ほっきょう》・一品坊昌寛《いっぽんぼうしょうかん》の娘である。一品坊昌寛が何者かは明らかではないが、頼朝の祐筆を務め、頼朝の弟範頼《のりより》が平氏追討で西国に遠征したときに従軍していたようだ。法橋の位がある祈祷僧とされるが妻子がいたのだろう。

頼家の死後には、四歳の千寿丸は尾張中務丞《おわりなかつかさのじょう》に養育されていた。だが、源満仲《みつなか》の子孫で信濃国小県郡《ちいさがた》小泉荘を領する御家人泉親衡《いずみちかひら》が、打倒北条義時《ほうじょうよしとき》を企て、千寿丸を「将軍になし奉らん」として擁した。

泉親衡は御家人たちに密使を派遣して同志を募ったが、建暦《けんりゃく》三年（一二一三）二月に郎党青栗七郎《あおぐりしちろう》の弟安念坊《あんねんぼう》が、千葉氏の総帥千葉成胤《ちばしげたね》に協力を求めた。だが、千葉成胤は和田義盛《わだよしもり》と葛藤があり、企てに和田義盛の子義直《よしなお》と義重《よししげ》、甥の胤長《たねなが》の名があることで幕府に訴え出たことで露見した。

逮捕された安念坊の自白により、親衡の謀議に同調する者が三百人ほどもいる大規模なものと判明した。さほど有力な御家人ではない親衡の謀議に大勢の御家人たちが同意したのは、この企ての主体が三浦一族の和田一族と解釈されたためと思われ、北条氏もそう思ったに違いない。

泉党はただちに討伐されたが、親衡は混乱に乗じて逐電してしまった。

◆再び和田氏に擁されて六波羅襲撃計画に加担

このとき義盛は所領の上総伊北荘（現・大多喜《おおたき》町）にいたが、急いで鎌倉に帰って三代将軍実朝《さねとも》に直談判し、自らの多年の功績に免じて義直と義重の赦免を得た。

翌日に義盛は和田一族を率いて、御所の南庭で甥の胤長の赦免を嘆願した。だが大江広元《おおえのひろもと》から、胤長が張本人で許されないとし、陸奥《むつ》国への配流を申し渡された。

その上に北条義時は、後ろ手に縛られた胤長を和田一族の前に引き回して、和田一族を挑発したのである。

和田義盛は打倒北条氏を計画したが、鎌倉市内では義盛挙兵の噂で騒然となった。

建保元年（一二一三）五月二日、義盛は準備は万端ではないが北条義時打倒の挙兵をした。ところが三浦一族の総帥三浦義村《よしむら》が、土壇場で北条方に寝返ったのである。三浦義明《よしあき》の嫡男は和田義盛の父義宗《よしむね》であったが早世したため、弟の義澄《よしずみ》が家督を継いで三浦一族の総帥になっていた。義村は義澄の子で、三浦一族の総帥が義盛の呼びかけに応じることは、義盛の下風に立つ不快さがあったのだろう。

一族の総帥が敵になった和田一族だが、義時が籠もる大倉御所に攻め入るなどの奮戦をした。だが、将軍実朝を手中にした北条氏を打ち破れなかった。

北条氏に捕縛されていた千寿丸は、十一月に祖母である政子の命によって出家し、日本に喫茶を広めた栄西《えいさい》の弟子になって法名を栄実《えいじつ》とされた。

ところが、建保《けんぽう》二年十一月、京で和田義盛の与党が再び栄実を擁して、北条時政が京都守護の庁舎を置いた六波羅《ろくはら》の襲撃を図ったのである。この企てが幕府方に露見し、六波羅の兵に攻められた栄実は、一条あたりの旅亭で自害したとされる。

二度までも将軍候補に擁立された栄実だが、叶わずに終わった。享年十四であった。

現在なら中学生になったばかりの子どもを立てることもないだろうが、栄実の血統は当時の大人には利用価値があったということだ。

頼家庶子

禅《ぜん》暁《ぎょう》

頼家の血統を根絶やしにする北条氏の犠牲になる

生年不詳〜承久二年（一二二〇）四月十五日

◆北条氏にとって邪魔な頼家の血筋

二代将軍頼家には、栄実と同じ一品坊昌寛の娘を母とする、もう一人の男子がいた。元久《げんきゅう》元年（一二〇四）に父の頼家が暗殺されると、出家させられて仁和寺《にんなじ》で修行することになり、法名を禅暁《ぜんぎょう》とされた。その後、母は三浦義村《みうらよしむら》の末弟胤義《たねよし》に嫁している。

承久《じょうきゅう》元年（一二一九）正月に、三代将軍実朝が禅暁の異母兄に暗殺されるという非常事態が発生した。これに禅暁が加担したと疑われていたようだが、真相はわからない。

この頃、禅暁が何歳だったかは不明だが、兄の栄実の誕生年と周囲のことから推測して、十六歳くらいにはなっていたと思われ、北条氏にとって危険な年齢であったのだろう。

将軍を失った鎌倉幕府の尼将軍政子と、執権北条義時を中心とする幕府首脳は、実朝の遺志でもあった皇族を将軍に迎えることに決した。二月に後鳥羽《ごとば》上皇の皇子を鎌倉の将軍に迎えたいとして、幕府政所の執事で政子の側近である二階堂行光《にかいどうゆきみつ》を上洛させた。だが、後鳥羽上皇はすでに北条氏打倒を考えており、幕府の要請を拒否した。

このときの閏二月に、二階堂行光は禅暁を伴って京を出立したという。頼家の血を引く男子は擁立されやすく、禅暁が反北条勢力に擁されることを避けたと思われる。

『承久記』によると、栄実や禅暁の母を妻とした三浦胤義は、頼家や子が北条氏によって殺害され嘆き悲しむ妻を哀れんで、京に上ったとしている。胤義は朝廷から検非違使尉《けびいしのじょう》に任じられ、唯一残された頼家の男子である禅暁の将軍就任に動いたともされている。

だが、禅暁は承久二年（一二二〇）四月に、京の東山あたりで殺害されたようだ。この一年二カ月の間に何があったのかは不明だが、北条氏にとっては、禅暁を生かしておいては、執権政治の維持に禍根《かこん》を残すと考えたのは当然だろう。

これによって頼朝から頼家へ継いだ血統の男子はいなくなり、頼家の娘の鞠子《まりこ》が唯一残された子である。

◆養父三浦胤義は承久の乱で朝廷方の将軍になる

四代将軍を求める問題では、義時は弟の時房《ときふさ》に朝廷と再交渉をさせるため、千騎を率いさせて有力御家人が連署した上奏文を携えさせて京に送った。だが、後鳥羽上皇から再度拒否されていた。

そのため、頼朝の同母妹の坊門姫《ぼうもんのひめ》の曾孫という、頼朝とわずかな血縁を持つ二歳の幼児を鎌倉に迎えることになった。この幼児は九条道家《くじょうみちいえ》の子で、寅年、寅の日、寅の刻に生まれたので三寅《みとら》と名付けられていた。三寅は嘉禄《かろく》二年（一二二六）に四代将軍頼経《よりつね》になる。

承久三年五月に、後鳥羽上皇は北条義時討伐の院宣を発し、味方する兵を募った。胤義は「朝敵になった義時に味方する者はいまい」と楽観し、鎌倉の兄義村に密使を送って後鳥羽上皇への加担を要請した。だが義村は、使者を追い返して密書を義時に届けていた。

御家人たちは朝敵になることを恐れていたが、政子に励まされて後鳥羽上皇と対することを決意し、五月二十二日に義時の嫡男泰時《やすとき》が鎌倉を発すると、たちまち十九万の軍勢になり、京に押し寄せ承久の乱となった。

胤義は朝廷方の大将軍とされ、美濃や宇治川で戦ったが、大軍を擁した鎌倉方に一蹴されてしまった。院の御所で最期の一戦を図ったが、後鳥羽上皇から乱を引き起こした謀臣とされ、胤義は残った京方の武士たちとともに東寺に籠もり、最期の戦いをして清く散っていった。

頼朝猶子

平賀朝雅《ひらがともまさ》

北条時政が将軍に擁するも殺害された頼朝の猶子

生年不詳～元久二年（一二〇五）閏七月二十六日

◆父義信が重用され頼朝の猶子になった朝雅

源義光《よしみつ》流の源氏である平賀《ひらが》氏は、信濃国佐久《さく》郡平賀郷を本拠とし、平賀義信《よしのぶ》は源義朝《よしとも》が平清盛《きよもり》と戦った平治《へいじ》の乱に、義朝の麾下で加わっていた。

義朝は平氏の本拠の六波羅を目指し、六条河原が決戦の場になった。この時、義信の奮戦を見た義朝は「あっぱれ、源氏は鞭《むち》さしまでも、おろかなる者はなき者かな、平賀うたすな」と郎党たちに義信を救援するように命じていた。

義朝はこの戦いに敗れ、義信は義朝の東国への逃避行に従った七人の武士の一人であった。幼い頼朝は、兄の義平《よしひら》から叱咤されながら逃避行に加わっていた。頼朝より四歳上とされる義信は頼朝を励ましていたのかもしれない。義朝が尾張の長田忠致《おさだただむね》に殺害されたときには、義信は信濃に逃げおおせている。

義信はその後の平氏時代を、信濃で雌伏していたのだろう。治承《じしょう》四年（一一八〇）に木曾義仲が信濃で反平氏の挙兵をすると、佐久衆として参加していたと思われる。頼朝が関東に政権を樹立すると、義信は加わっている。頼朝はかつての恩義などを大きく評価する人で、平賀義信を源氏一門の首座にしているほどに信頼している。

義信の次男朝雅《ともまさ》は、頼朝の挙兵後に誕生したと思われる。母が頼朝の乳母であった比企尼の三女であることで、頼朝は義信と比企氏の血を受けた朝雅に「朝」の字を与え猶子にしていた。だが、朝雅が成人すると、北条時政の後妻の牧《まき》の方《かた》の娘婿になり、比企能員《ひきよしかず》の変では北条方として、比企氏討伐に加わっている。

朝雅は父義信の死後には武蔵守を継承していたが、三代将軍に実朝《さねとも》が就任すると、幕府の混乱に乗じた謀反を防ぐために、京都守護として派遣された。平氏の残党が伊勢や伊賀で反乱を起こすが朝雅は鎮定に成功し、その功で伊勢と伊賀の守護に任じられた。また後鳥羽上皇から院の殿上人とされ、御家人として破格のあつかいを受けていた。

元久《げんきゅう》元年（一二〇四）十一月には、将軍実朝の妻になる坊門信清《ぼうもんのぶきよ》の娘信子を迎えるため、御家人たちが鎌倉から上洛してきた。京都守護の朝雅は自邸で御家人たちを歓迎する酒宴を催したが、このときに畠山重忠《はたけやましげただ》の嫡子重保《しげやす》と朝雅が激しく口論していた。

◆朝雅の讒言が引き金になった畠山氏滅亡

幕府にとって武蔵国と相模国は、主要地であるため頼朝の縁者で固められ、武蔵国守護は平賀義信、武蔵国比企郡の郡司は比企能員を任じていた。武蔵国の大勢力秩父党の重鎮河越重頼《かわごえしげより》も比企尼の娘婿であったが、娘が源義経の正室であったために役職を退き、秩父党は畠山重忠が統括するようになっていた。

北条時政は比企一族を滅亡させ、比企氏の遺領を勢力下に置いた。時政は後見する朝雅が上洛したことで武蔵国の行政権を握ったが、本格的に武蔵に進出するには畠山重忠が邪魔な存在であった。畠山重忠は時政の娘婿だが、そんなことに頓着する時政ではない。

元久二年六月、朝雅は妻の母牧の方に畠山重保との口論を打ち明けていた。これを牧の方が時政に伝えると、たちまち畠山重忠と重保の謀反という企みに変化した。

畠山重忠には安達遠元《あだちとおもと》の娘との間に重秀《しげひで》という長子がいたが、時政の娘との間に重保が生まれ、重忠は北条氏を気遣って重保を嫡子にしていた。時政は重忠の討伐を子の義時に相談するが、義時は義兄の重忠の忠勤を上げて反対した。だが、執拗な平賀一族に押し切られて同意してしまった。

六月二十二日早朝に、軍兵が由比ヶ浜に走るので、重保は事情がわからぬままに由比ヶ浜に駆けつけた。そこで時政の意を受けた三浦義村らに取り囲まれて、自分が謀反人にされたと気付いたときには手遅れで、重保は訳のわからぬままに討ち取られてしまった。

所領にいた重忠は、鎌倉に騒動があるとの知らせを受け、一族と郎党百三十四騎を率いて鎌倉に向かった。二十二日の午後に二俣川《ふたまたがわ》に差し掛かると、義時が大軍を率いて待ち構えていたのである。ここで重保が討たれたと知った重忠は、大軍を迎え撃った。戦いは四時間にもおよんだが、重忠が愛甲季隆《あいこうすえたか》の矢を受けると畠山勢は敗れ去った。

翌日の午後に鎌倉に帰った義時は、時政に小勢で鎌倉に向かった重忠に謀反の疑いなどなかったと言い、大変気の毒なことをしたと時政をなじった。だが時政は三浦義村に命じて、重忠と同族の稲毛《いなげ》重成《しげなり》親子と、重成の弟の榛谷《はんがや》重朝《しげとも》親子も討伐させていた。

重忠の所領は、時政の娘である重忠の妻に安堵《あんど》されたが、畠山氏は滅亡した。

◆実朝を亡き者にする企みが破綻し誅殺

元久二年閏七月に、時政と牧の方が、義光流の源氏である娘婿の平賀朝雅を将軍にして幕政を掌握するために、実朝の殺害を企てていた。頼朝が一門の首座とした平賀氏で、頼朝の猶子でもある朝雅は、実朝亡き後には将軍になる資格があるとされたのだろう。

実朝は将軍になっても執権である北条時政の館で生活しており、時政がその気になればたちまち命を奪われた。だが政子の妹の阿波局《あわのつぼね》は、実朝の乳母として実朝にしたがっていたので、この企みを姉の政子に知らせた。

政子と義時の姉弟は、これまでも時政と牧の方の、あまりにも強引なやり方に反感を持っており、この企みを知った政子は、時政に真意を確かめるようなことはしなかった。

政子は大江広元と打ち合わせ、ただちに時政の館から義時の屋敷に実朝を引き取った。情勢を知った時政は、御家人たちに命じて兵を招集したが、御家人たちは義時の屋敷に集結したのである。時政邸で実朝を警護する者までが、義時の屋敷に向かったという。

政子と義時は時政を出家させ、時政と牧の方に伊豆での蟄居《ちっきょ》を命じたのである。幕府はその日のうちに平賀朝雅誅殺を決した。義時の命を受けた兵が朝雅の宿館を包囲し、朝雅は山内首藤基経《やまのうちすどうもとつね》の六男持寿丸（通基《みちもと》）に射止められた。朝雅は時政が自分を将軍に擁する企てを知っていたのかは不明だが、時政の陰謀癖の犠牲になってしまったのだ。

朝雅の妻だった牧の方の娘は、京の公家で権中納言藤原国通《ふじわらのくにみち》に再嫁し、時政の死後には牧の方を引き取ったという。

頼朝の甥

阿野時元《あのときもと》

源氏の血統を主張して実朝後の将軍を狙って挙兵

生年不詳〜承久元年（一二一九）二月二十二日

◆父全成が頼家と対立し殺害されるも連座を免れる

河内源氏の棟梁源義朝には、悪源太《あくげんた》と言われた義平《よしひら》を筆頭に九人の子があった。義朝は九条院《くじょういん》（近衛《このえ》天皇の中宮藤原呈子《ちゅうぐうふじわらのていし》）の雑仕女《ぞうしめ》だった常盤《ときわ》との間に、七男の今若《いまわか》、八男の乙若《おとわか》、九男の牛若《うしわか》という三人の子をなしたが、義朝が平治の乱で敗れたため、常盤は三人の子を連れて雪中を彷徨《さまよ》った物語はよく知られている。

すでに頼朝の助命が決定していることから、義朝と常盤の三人の子の命は救われた。七男の今若は醍醐寺《だいごじ》で出家させられて、全成《ぜんじょう》と名乗って荒くれぶりから悪禅師とも呼ばれていたが、治承《じしょう》四年（一一八〇）に、異母兄の頼朝が打倒平氏の挙兵をすると、醍醐寺を抜け出て修行僧に扮して東国に向かった。

頼朝は石橋山で敗れて逃走していたが、全成は相模国渋谷荘《しぶやのしょう》に逃れていた佐々木定綱《さざきさだつな》らの兄弟と行き会い匿《かくま》われた。その後に下総国鷺沼《さぎぬま》の陣で頼朝に対面し、頼朝の代官として平氏追討の大将となって頼朝の期待に応えた。

その後、頼朝の妻政子の妹阿波局《あわのつぼね》を妻とし、武蔵国長尾寺《ながおじ》を所領に与えられた。妻の阿波局は頼朝の子千幡《せんまん》（実朝）の乳母になり、正治《しょうじ》元年（一一九九）に頼朝が急死して頼家が家督を継ぐと、全成は北条陣営に組み込まれ頼家派と対立していく。

建仁《けんにん》三年（一二〇三）五月には、頼家に命じられた武田信光《たけだのぶみつ》に謀反人として捕縛されて常陸《ひたち》に配流され、六月には頼家の命で八田知家《はったともいえ》に殺害された。全成の三男の播磨君頼全《はりまのきみよりまさ》は源仲章《なかあきら》によって京の東山延年寺《えんねんじ》で殺害されている。

阿野全成の四男の時元《ときもと》は、母が阿波局とされるので、全成は嫡子としたようだ。父の全成は二代将軍頼家と対立して殺害されたが、北条時政や政子の尽力で連座を免れて、所領の駿河国阿野荘に隠棲していた。

◆実朝の死により将軍継嗣の資格があるとし挙兵

承久《じょうきゅう》元年（一二一九）正月、三代将軍実朝が鶴岡八幡宮で殺害された。主犯の頼家の子公暁も殺害され、河内源氏の血を引く男子はほぼいなくなった。

そうなると時元は、頼朝の甥で、阿野全成の子という立場は、次期将軍になり得ると考えたようだ。

おそらく、父全成が北条陣営であったことから、執権北条義時に次期将軍への推挙を頼んだのだろう。だが、義時は阿野全成の子などに将軍の資格があるとすれば、父時政が平賀朝雅を擁したように、多くの者が現れて反乱に結びつくと断ったのだろう。

阿野時元は、将軍になる願望を義時に知られては、生き残っていく道はない。時元は二月十一日に挙兵した。この挙兵に大義はなく、将軍就任を断った義時に対するものだったのだろう。一種の破れかぶれの挙兵で、当然のことに兵は集まらなかった。

義時は得宗被官である金窪行親《かなくぼゆきちか》を阿野時元の討伐に向かわせた。その程度で十分としたのだろう。金窪行親は比企能員の変に功があり、泉親衡の乱で安念坊を捕縛して尋問し、和田胤長を捕縛している。北条氏を脅かす者に対して適任の者であった。

阿野時元勢は金窪行親に一蹴され、時元は自害して事件は終了した。一瞬、将軍になる夢を見たための、無駄死にであった。

なお、これによって阿野家は絶えたものではなく、公家になって残った。後醍醐《ごだいご》天皇の寵愛を受けて後村上《ごむらかみ》天皇の母になった阿野廉子《れんし》は、その末裔である。

二代執権

北条義時《ほうじょうよしとき》

将軍位を求めずとも強力な権力で執権として君臨

長寛元年（一一六三）～元仁元年（一二二四）六月十三日

◆坂東に繁栄した高望王の子孫たち

寛平《かんぴょう》元年（八八九）に桓武《かんむ》天皇の曾孫高望王《たかもちおう》は、宇多《うだ》天皇から平《たいら》姓を賜って臣籍降下し、昌泰《しょうたい》元年（八九八）に上総介《かずさのすけ》に任じられた。当時は地方官に任じられても在京して、代理として目代《もくだい》を任地に下向させて国務を行わせ、利益だけを得るという「遙任《ようにん》」も少なくなかった。だが高望王は五人の息子をともなって上総に赴任した。

高望王は任期が終了後も都に帰らず、長男の国香《くにか》（良望《よしもち》）は常陸国真壁《まかべ》郡石田荘で、次男の良兼《よしかね》は下総で、三男の良将《よしまさ》は下総国豊田荘で、四男の良茂《よしもち》は常陸国水守《みもり》郷で、五男の良文《よしふみ》は下総国相馬《そうま》郡村岡と、それぞれが逞しく勢力を扶植していった。

中でも良茂と良文の子孫は、千葉、上総、三浦、土肥《どひ》、秩父《ちちぶ》、大庭《おおば》、梶原《かじわら》、長尾《ながお》の坂東八平氏となり、それぞれが支族を分出させていった。だが、天慶《てんぎょう》二年（九三九）に良将の子将門《まさかど》が起こした乱で、良文は中立の立場を貫いたが、国香、良兼の所領を侵略したので、国香、良兼の家系は良文の家を仇敵としていた。

◆伊豆を拠点にした平直方の子孫が北条氏となる

長元《ちょうげん》元年(一〇二八)六月、良文の孫忠常《ただつね》が安房守《あわのかみ》平惟忠《これただ》を殺害し、上総の国衙《こくが》を占領した。国香の曾孫直方《なおかた》は、仕えていた関白頼通《よりみち》から忠常の追捕を命じられた。国香、良兼の家系は良文の家を仇敵としていたので、頼通は直方に忠常を討つ機会を与えたのである。

直方は相模国鎌倉を本拠として忠常追討に向かったが、徹底抗戦する忠常に難航した。朝廷は、かつて忠常を臣従させた源頼信《よりのぶ》を派遣すると、長元四年春に忠常が降伏を申し出た。

忠常の乱の平定に失敗した直方は頼義を娘婿に迎えた。やがて頼義に嫡男の義家《よしいえ》が誕生すると、直方は孫の義家に鎌倉を贈り、伊豆に移って北条氏の祖になる。

直方は坂東八平氏ほどには勢力を伸ばすことができなかったが、伊豆国田方《たがた》郡北条を拠点とした子孫から時政が出た。時政は一代で鎌倉幕府の権力を握るようになるが、北条一族とされる従兄弟や兄弟の名が歴史上にほとんど出てこない不思議さがある。

◆父時政は謀略でライバルを倒していく

時政の男子は宗時《むねとき》、義時、時房《ときふさ》、政範《まさのり》の四人だけだが、十一人の女子がいる。時政の長子宗時は、頼朝の石橋山の戦いに敗れ逃走中に討ち取られたため、義時が嫡男となっているが、政範も十六歳で京で死亡し、弟には時房しかいなかった。

北条氏の女子には政子や阿波局がいて、時政は彼女たちを有力豪族の妻にして、北条氏を大勢力にしていった。頼朝の挙兵成功の陰に、妻の実家である北条氏があるのは確かだ。時政は頼朝を討って平氏から褒賞をもらうこともできたが、未知の力を持つ頼朝に賭ける度量があった。

頼朝も北条氏には気を遣っていた。頼朝は東国で地方国を支配する守護《しゅご》に清和源氏の門葉から選んでいた。だが政子の要望で、平氏の時政を遠江の守護に任じている。守護の役目は、地頭たちを大番《おおばん》に就かせ、犯罪人を捕縛する以上のことはできず、地頭と主従関係を結ぶことは厳禁したが、後の北条氏の御内人《みうちびと》を見ても時政は地頭たちを家人にしていったに違いない。

頼朝は、ときには強引で強面《こわもて》も見せる時政の交渉能力を買っていたようだ。時政を甲斐に赴かせて武田信義ら甲斐源氏を味方に引き入れさせたり、朝廷から義経の追捕として守護と地頭の設置を認めさせている。

弱小な豪族であった時政は、所領を維持するために常に謀《はかりごと》をしてきたのだろう。頼朝が建久《けんきゅう》四年（一一九三）五月に、富士の裾野《すその》で巻狩《まきがり》をしたとき、曾我《そが》十郎祐成《すけなり》と五郎時致《ときむね》の兄弟が、父河津祐泰《かわづすけやす》を暗殺した同族の工藤祐経《くどうすけつね》を襲う曾我兄弟の仇討ちがあった。

兄の十郎は仁田忠常《にったただつね》に討たれたが、弟の五郎は頼朝の寝所に迫ったので御所五郎丸《ごしょのごろうまる》に捕らえられ、処刑されている。曾我五郎は時政を烏帽子親とし、時政から偏諱《かたいみな》を受けて時致と名乗っており、兄弟は時政の庇護下にあった。そのために北条時政が黒幕となって頼朝を亡き者にしようとしたという説があるが、早々に事件の幕引きがされている。

頼朝の死後に時政は、得意の謀略でライバルを次々と葬っていった。二代将軍頼家の腹心梶原景時は自滅したが、頼家が頼る比企一族を滅ぼした。時政は伊豆の御家人仁田忠常や加藤景廉《かとうかげかど》などを配下にして、比企能員を殺害させている。だが、その翌日には仁田忠常を謀反の疑いで加藤景廉に殺害させていた。時政は陰謀で、大勢力秩父《ちちぶ》一族の畠山重忠《はたけやましげただ》を滅亡させ、北条氏は大勢力になっていった。

頼家の将軍職を剥奪し、北条氏が養育した実朝が三代将軍になると時政は政所別当《まんどころべっとう》となって幕府の実権を握った。さらに実朝が若輩という理由で時政が執権《しっけん》になった。

ここで大勢力の三浦氏や千葉氏が、時政に権力が集中することを、特に問題にしていない。伊豆に配流された頼朝に娘の政子を嫁がせて支え、将軍の外戚であった時政は、鎌倉殿の家司《けいし》筆頭として「執権」を名乗るのに相応《ふさわ》しい立場にあると考えただろうし、すでに北条氏には抗《あらが》えないという大組織になっていたのだろう。

だが、時政の強引な手段は、子の政子と義時に反感を持たれた。時政は子に足をすくわれ、後妻の牧の方とともに伊豆に幽閉された。

◆父の手口を受け継いだ義時

頼朝は伊豆時代からの愛人「亀《かめ》の前《まえ》」を鎌倉に呼び寄せていたが、政子がその住まいを時政の後妻牧の方の父牧宗親《まきむねちか》に破壊させた。怒った頼朝は牧宗親の髻《もとどり》を切って恥辱を与えると、この仕打ちに怒った時政は所領の伊豆に帰ってしまった。これに頼朝はうろたえたが、義時が鎌倉に残っていると知ると、安心して義時を褒めている。

頼朝は義時を「義時は必ず、我が子孫を支える存在になるだろう」としており、一の家の子として信頼している。

だが、天台宗の僧慈円《じえん》が残した『愚管抄《ぐかんしょう》』によれば、頼家は義時の送った刺客により入浴中を襲撃されて殺されたとしており、義時も時政の血を濃く受け継いでいた。

義時が父の時政を伊豆に幽閉した間もなくの、元久《げんきゅう》二年（一二〇五）八月に、義時の義弟である下野の宇都宮頼綱《うつのみやよりつな》に謀反の企みがあるという報告があった。義時は下野の大豪族小山朝政《おやまともまさ》に討伐を命じたが、朝政は頼綱とは親戚として仲良くしていると拒絶した。

義時は下野の豪族同士を戦わせて共倒れになればと計算したようだが、それを察した小山朝政は宇都宮頼綱に出家させ、頼綱の髻《まげ》と誓紙を義時に提出させて落着させていた。

承元《しょうげん》三年（一二〇九）十一月、義時は諸国守護が職務怠慢として、終身在職を改めて定期交代制を導入しようとした。だが、これには下野の小山氏、下総の千葉氏、相模の三浦氏ら大豪族は、頼朝の挙兵以前からその地に盤踞《ばんきょ》しており、父祖代々の地を放棄する制度に猛反対したので、義時も断念せざるを得なかった。

義時は、事があればただちに鎌倉に兵を送ることができる地の利を持った三浦一族を、当面の仮想敵とした。

◆実質的な征夷大将軍を選んだ義時

建保《けんぽう》元年（一二一三）の泉親衡《いずみちかひら》の乱をきっかけに、義時は侍所《さむらいどころ》別当の和田義盛《わだよしもり》を挑発して滅亡させた。三浦一族は和田一族を失って勢力を縮小させていった。

三浦一族の総帥義村《よしむら》は、北条氏の下風に立つ退勢から一挙に挽回を図ろうとしたと思われる。承久《じょうきゅう》元年（一二一九）正月に、実朝が右大臣に任じられた祝宴が鶴岡八幡宮であり、そこで頼家の遺児公暁《くぎょう》に将軍実朝と義時の殺害を示唆したようだ。

だが、義時は直前に体調不良を理由にして実朝の供から外れており、公暁は義時を討ち漏らしていた。義村には実朝よりも義時を亡き者にすることが目的で、それに失敗した公暁を生かしておけなかった。

義時が公暁の暴挙を事前に知っていたとするのは当然だが、それを実朝に知らせていないことで、義時が首謀者で義村に実朝を殺させたという説もある。

義時は源氏の血を継ぐ者を次々と粛清していき、承久三年の承久の乱で後鳥羽上皇の野望も挫《くじ》いて最高権力者になった。

征夷大将軍には源氏でないとなれないとされたり、北条氏は出自の低さから、将軍になることができないともされるが、この時点で、平氏の義時が征夷大将軍になっても、反対する者はいなかっただろうと思われる。

だが義時は、源氏から政権を簒奪《さんだつ》したという汚名を避け、京から摂家《せっけ》将軍や皇族将軍を迎えて傀儡《かいらい》とすることで、すでに実質的な征夷大将軍になっていた。

義時は承久の乱から三年後の、元仁《げんにん》元年（一二二四）六月に六十二歳で死亡し、時政・義時の二代で築いた北条政権は、四十二歳の泰時《やすとき》に受け継がれた。泰時は陰謀を巡らす必要がないほどに、北条氏は力強くなっていた。

義時は禅宗での諡《おくりな》を「徳崇《とくそう》」とされ、それをもじったのか、北条氏嫡流は「得宗《とくそう》」と呼ばれ、泰時は得宗家を北条氏の中で特別の地位にした。

得宗は執権に就くことが基本で、執権を辞職しても現執権より強い影響力を持って幕政に君臨した。北条氏は実力的にはナンバー1でありながら、表面上はナンバー2の地位に甘んじて実利を得ていた。

現在の企業では、優秀な社長がいても潰れる会社は多いが、優秀なナンバー2がいる会社が潰れることはなく、必ず成長しているという。

だが北条氏の地位は、名実ともにナンバー1で、北条氏が支配する鎌倉幕府は、将軍が成長して傀儡であることに疑問を持つと京に帰し、成人前の幼い親王を将軍に迎えるようになっていった。また、御家人や御内人の中から、有能なナンバー2が登場すると滅亡に追い込んでいった。

摂津源氏

源《みなもとの》 頼《より》茂《しげ》

後鳥羽上皇に突如、誅殺された摂津源氏の嫡流

治承三年（一一七九）？〜承久元年（一二一九）七月十三日

◆源頼政の挙兵を機に次々と蜂起した源氏

源頼光《よりみつ》の系統である摂津源氏は、代々大内守護をして朝廷や摂関家に仕えた京武士で、渡辺綱《わたなべのつな》などの渡辺党を郎党にしていた。

源頼政《よりまさ》は平治の乱では平氏方につき、河内源氏の源義朝が滅んだ後は、平氏政権の中で源氏の長老として勢力を保全していた。

治承元年（一一七七）には、平氏打倒を企む鹿《しし》ヶ谷《たに》の陰謀事件があり、平氏政権と後白河法皇の院政にきしみが生じた。治承三年には平清盛が数千騎を率いて京に乱入し、政界人事に対して強硬に介入した。

太政大臣師長《もろなが》以下三十九人を解官し、諸国の受領《ずりょう》も大幅に交替させて平氏の知行国は日本の半分の三十二カ国におよび「平氏にあらずんば、人にあらず」と豪語していた。

これによって、後白河法皇の第三皇子の以仁王《もちひとおう》は所領を没収されてしまった。

治承四年二月に、清盛は高倉《たかくら》天皇に譲位させて、孫である安徳《あんとく》天皇を即位させた。皇位への望みが絶たれた以仁王に源頼政が打倒平氏の挙兵を勧め、諸国の源氏や大寺社に平氏討伐を呼びかける令旨を発し、源義朝の末弟行家《ゆきいえ》を使者として諸国に届けさせた。

だが五月には、以仁王の企みは平氏に露見した。その時点では平氏は頼政の忠誠を疑わず、以仁王の追捕を命じていた。頼政は準備不足だったが、自邸を焼き一族五十騎を率いて以仁王に合流した。

これまでには以仁王と頼政の交流はなく、なぜ頼政が反平氏の挙兵に思いいたったかは不明である。以仁王と頼政は、近江の園城寺《おんじょうじ》（三井寺《みいでら》）から奈良の興福寺《こうふくじ》を目指したが、平氏軍に追いつかれ、頼政は宇治平等院《うじびょうどういん》で自刃し、以仁王は殺害された。

だが、以仁王が発した令旨は、以仁王の死後に効力を発揮し、各地で源氏が蜂起した。

◆実朝の没後に倒幕を目指す後鳥羽上皇

源頼政の一族は、嫡男の仲綱《なかつな》、養子にしていた木曾義仲《よしなか》の兄仲家《なかいえ》など、主立った者は以仁王の挙兵で死去したが、頼政次男の頼兼《よりかね》の当時の行動は明らかではなく生き延びていた。

頼兼は木曾義仲の入京後には大内裏《だいだいり》の警護を任じられており、源頼朝が鎌倉に武家政権を樹立すると在京御家人として、京と鎌倉を頻繁に往来している。

木曾義仲が急激に京に迫ったとき、平氏は安徳《あんとく》天皇を擁して西国に逃れ、京の朝廷では安徳天皇の異母弟の尊成《たかなり》親王が即位し後鳥羽《ごとば》天皇となった。後鳥羽天皇の母は坊門信隆《ぼうもんのぶたか》の娘殖子《しょくし》で、信隆の嫡子信清《のぶきよ》の娘信子《のぶこ》は三代将軍実朝の正室となる。

後鳥羽天皇は建久《けんきゅう》九年（一一九八）に、土御門《つちみかど》天皇に譲位して院政を布くと積極的な政策を採り、頼朝の死後には鎌倉幕府に強硬に対するようになった。

後鳥羽上皇は、鎌倉幕府が二代将軍頼家、三代将軍実朝が殺害された内紛によって弱体化したと判断し、倒幕の意志を固めた。院を警護する北面の武士のほかに、新たに西面の武士を組織して軍事力を強化した。

◆承久の乱を前に院に滅ぼされた頼茂

頼兼の嫡男である頼茂《よりしげ》は、以仁王挙兵の前年に生まれた。父同様に在京御家人として大内裏を警護し、京と鎌倉を往来していた。

頼茂は、建暦《けんりゃく》三年（一二一三）五月の和田合戦では、和田一族の本拠三浦に通じる名《な》越《ごえ》の守備を任されていた。三代将軍実朝が暗殺された場にも居合わせており、大勢力ではないが摂津源氏は北条政権に組み込まれていた。

承久元年（一二一九）七月十三日、大内裏警護をしていた源頼茂が、突如として御所の昭陽舎《しょうようしゃ》で院の西面の武士に襲撃された。

頼茂は応戦したが御所内のために手勢は少なく、殿舎に火をかけて自害した。院は、頼茂が将軍に就くことを企てたために攻め滅ぼしたと公表した。だが、頼茂が将軍になりたいとする反鎌倉なら、倒幕の意志を持つ後鳥羽上皇が利用したはずである。誰の目からも、院が公表したような理由ではないことは明らかだった。

頼茂は摂津源氏の棟梁ではあったが、鎌倉幕府の体制にも組み込まれており、将軍を望んでもなれるものではないとわかっていたはずだ。後鳥羽上皇は三浦胤義など在京の御家人を倒幕計画に取り込んでおり、おそらく頼茂は、後鳥羽上皇へ倒幕の加担を要請され、それを断ったため口封じに討たれたのだろう。その方が辻褄が合う。

現代では各界でナンバー1になるためには、自身の得意と不得意を見極め、欠点を埋める必要な人材を得ねばならないとされる。また、その人材に頼り切ってはいけないとされ、かつての将軍たちよりも厳しい立場に置かれているようだ。

義時娘婿

一《いち》条《じょう》実《さね》雅《まさ》

義時の継室・伊賀ノ方が将軍にしようとした娘婿

建久七年（一一九六）〜安貞二年（一二二八）四月一日

◆北条義時の継室・伊賀ノ方

北条義時には、頼朝の大倉御所の女房であった阿波局《あわのつぼね》との間に、寿永《じゅえい》二年（一一八三）に長子泰時《やすとき》が誕生していた。

だが義時は、大倉御所の女官である姫《ひめ》ノ前《まえ》に恋した。姫ノ前は比企能員《ひきよしかず》の弟朝宗《ともむね》の娘で、『吾妻鏡《あづまかがみ》』にも「当時権勢無双の女房なり、殊に御意に相叶う、容顔太だ美麗なり」とあり、頼朝もお気に入りの大変美しい女性であった。

義時は一年あまりも姫ノ前に恋文を送っていたが、まったく相手にしてもらえなかった。義時の恋を見かねた頼朝が、姫ノ前に「絶対に離縁しませんという起請文を書かせ、結婚してやれ」としたので、建久二年（一一九一）に義時は姫ノ前と結婚することができた。

義時と姫ノ前の間に、次男朝時《ともとき》、三男重時《しげとき》が誕生したが、建仁《けんにん》三年（一二〇三）に北条氏が比企氏を滅ぼしたことで、姫ノ前は義時と離縁して京に向かった。

その後、義時は伊賀朝光《いがともみつ》の娘を継室に迎え、伊賀ノ方《いがかた》とした。伊賀ノ方は義時の五男政村《まさむら》、六男実泰《さねやす》、七男時尚《ときひさ》、後に一条実雅《いちじょうさねまさ》の室になる女子を産んでいる。

◆娘婿を将軍にと企てた伊賀氏の変

承久三年（一二二一）五月の承久の乱で、後鳥羽上皇の野望を砕いた幕府の力は強力になり、執権北条義時は最高権力者として幕府内でも地位が確定したが、三年後の元仁《げんにん》元年（一二二四）六月に急死した。

義時の嫡男泰時《やすとき》と義時の弟時房《ときふさ》は、承久の乱後に六波羅探題《ろくはらたんだい》として在京していたが、義時の訃報に接して急ぎ鎌倉に帰ってきた。

尼将軍とされる政子は、泰時と時房に幼少の九条三寅を後見して政務を行うように命じ、泰時を三代執権に就任させ、時房は泰時を補佐する連署《れんしょ》とした。

だが、このとき北条氏の内紛が起ころうとしていた。

義時の継室伊賀ノ方は、兄の伊賀光宗《みつむね》と図って自分が生んだ義時五男の政村《まさむら》を執権に就け、京から次期将軍に迎えられた三寅を廃して、娘婿の一条実雅《いちじょうさねまさ》を将軍にする画策をしたのである。三寅は実雅の姉の孫である。

義時は北条氏が主導する幕府の中で、北条氏にライバル心を醸している三浦氏への配慮から、政村の元服での烏帽子親《えぼしおや》は三浦義村《みうらよしむら》が務めていた。武家社会での烏帽子親と元服する冠者《かんじゃ》は、擬制《ぎせい》的な親子関係となり、庇護と奉仕の関係が生まれるのである。

北条氏の内部分裂を歓迎する三浦義村は、伊賀ノ方の企みに加担した。

◆伊賀氏の動きを封じた政子の判断

伊賀ノ方たちの動きを察知した政子は、単身で三浦邸に乗り込んだ。このあたりが政子のすごさである。

政子は三浦義村と直談判して関与を追及すると、義村は伊賀光宗の動きを制止することを政子に誓い、政子から世間の乱れを鎮めることを命じられた。こうして伊賀氏のクーデターは失敗した。

『吾妻鏡《あづまかがみ》』には、伊賀ノ方たちの動きを調査させた泰時は、「謀反の噂は事実ではなく、騒ぎ立てるな」と指示したという。事情を知らなかった政村は、泰時の計らいで罪は問われず、北条氏直系の得宗家への忠節を貫いて、後には、母が望んだ七代執権に就任しているのである。

義時は妻の伊賀ノ方に毒殺されたという噂もある。藤原定家《ふじわらのていか》の『明月記《めいげつき》』には、承久の乱で京方の首謀者の一人として逃亡していた、一条実雅の兄で延暦寺の僧であった尊長《ちょう》《そん》が捕らえられ、六波羅探題で尋問を受けた際に、「義時の妻が義時に飲ませた薬で早く自分を殺せ」と叫び、尋問していた武士たちを驚かせたとある。

政子は、伊賀ノ方が泰時の妻という立場から、自分と同様に幕政に影響を及ぼすことを危惧したようだ。政子の判断で伊賀ノ方は伊豆の北条に、伊賀光宗は信濃国筑摩《ちくま》郡へ、一条実雅は妻と離縁させられて越前に配流させた。この事件で、源氏にも北条氏にも無関係な伊賀氏の台頭を潰すことができた。

翌年の嘉禄《かろく》元年（一二二五）七月に、政子が六十九歳の波乱の生涯を閉じると、泰時の温情によって、光宗は幕政への復帰が許されて所領も回復し、評定衆に就任している。

伊賀ノ方から新将軍に擬せられた一条実雅は、二十九歳の分別盛りであったので、計画には積極的に参画していたとされている。実雅は事件の四年後の、安貞《あんてい》二年（一二二八）四月に、配流先で変死を遂げた。

宮将軍候補

頼《より》仁《ひと》親《しん》王《のう》

反幕府の後鳥羽上皇が四代将軍にさせなかった親王

建仁元年（一二〇一）七月二十二日〜文永元年（一二六四）五月二十三日

◆幕府から四代将軍に望まれた頼仁親王

頼仁《よりひと》親王は後鳥羽上皇の第五皇子で、母の坊門信清の娘の西の御方は、源実朝の正室信子の姉である。

そのために、実朝の死後に頼仁親王は、幕府から四代将軍にと望まれたが、父の後鳥羽上皇は幕府の圧力を排除したいとしており、これを拒否したため頼仁親王の将軍就任は実現しなかった。

幕府は摂関家の九条道家の三男三寅が、わずかに頼朝の血を受け継ぐ者として四代将軍に望んだ。後鳥羽上皇は三寅の将軍就任を許したが、正式に将軍宣下はしなかった。

この時、後鳥羽上皇は頼仁親王を四代将軍に就任させておれば、公家や朝廷への幕府の圧力は弱まったと思えるが、後鳥羽上皇は倒幕を目指した。また、執権義時討伐の院宣を発すれば、たちまち義時は討たれるに違いないという、朝廷の権威に自信を持っていた。ところが、東国の武士たちは「京下りの輩《やから》」から搾取された苦い体験があり、頼朝が東国武士たちの権利を保障したことで、東国武士から支持されているという事実に、後鳥羽上皇は気付いていなかった。

幕府の力が西国にはおよんでいないこともあり、院政によって天皇よりも力がある後鳥羽上皇は、日本一の荘園の持ち主であったが、東国からの荘園収入が減少したことに反発したのである。

承久三年（一二二一）五月十四日、後鳥羽上皇は鳥羽の城南寺《じょうなんじ》で流鏑馬《やぶさめ》を行うという名目で、摂家が所有する里内裏《さとだいり》の高陽院《かやのいん》に畿内近国から武士を招くと千七百余の武士が集まった。これで承久の乱の下地ができた。

◆承久の乱で後鳥羽上皇に加担し児島へ流罪

翌日には、諸国の武士に鎌倉の執権北条義時追討の院宣を発した。幕府から京都守護を命じられた大江広元《おおえひろもと》の長男親広《ちかひろ》や、朝廷から検非違使《けびいし》に任じられた三浦義村の末弟胤義《たねよし》などは、上皇の誘いに応えて幕府と対することを選んでいる。

義時の妻伊賀ノ方の兄伊賀光季《いがみつすえ》は、京都守護を命じられていたが上皇からの誘いを断り、十五日には院方の武士に攻められて自刃していた。

義時は、五月十九日に伊賀光季が討たれたという急報を受けた。さらに後鳥羽上皇の側近で北面の武士藤原秀康《ふじわらのひでやす》の家来押松丸《おしまつまる》が、院宣を持って御家人を訪ねるところを取り押さえ、三浦義村に弟の胤義から院への加担を要請する手紙が送られてきた。

朝敵になることをを恐れた御家人たちは、尼将軍政子に励まされ、武士の権利を守る幕府を支持し、朝廷方と戦う決意を固めると、たちまち十九万の軍勢になった。

捕らえていた押松丸を京に追い返し、東国軍の進撃の様子を後鳥羽上皇に伝えさせると、宮方は戦意を喪失させ、関東方に一蹴された。

上皇方に与《くみ》した武士の大半は斬罪にされ、後鳥羽上皇は隠岐《おき》に配流され、後鳥羽の皇子や公家も処罰された。かつて鎌倉の四代将軍の候補になっていた頼仁親王は、備前国児島《こじま》に流されて児島宮とされ、その地で亡くなった。

後に後醍醐天皇が隠岐に配流されるとき、天皇の寝所の桜の木に「天勾践《こうせん》ヲ空シウスルコトナカレ、時ニ范蠡《はんれい》ナキニシモアラズ」と書き付けて天皇を激励した児島高徳《たかのり》は、頼仁親王の子孫とされる説もある。

源氏改姓

安達宗景《あだちむねかげ》

頼朝落胤とし源氏に改姓して謀反を疑われ滅亡

正元元年(一二五九)~弘安八年(一二八五)十一月十七日

◆北条政権を守る安達氏の執念

安達《あだち》氏の祖の藤九郎盛長《とうくろうもりなが》は、兄藤原遠兼《ふじわらのとおかげ》の所領である武蔵国足立《あだち》郡から足立氏を称していたが、後に奥州《おうしゅう》合戦に従軍して、頼朝から陸奥《むつ》国安達郡を賜ったので、安達氏を名乗るようになっている。

頼朝が伊豆に配流されると頼朝の乳母であった比企尼は、夫を督励して京から所領の比企に移って頼朝を支援している。比企尼の長女丹後内侍《たんごのないし》の夫足立(安達)盛長は、比企尼から頼朝に仕えることを命じられ、頼朝に尽くしている。

盛長は二代将軍頼家時代でも宿老の一人だが、子の景盛《かげもり》と頼家の関係は悪かったようだ。正治《しょうじ》元年(一一九九)八月に、景盛は頼家から愛妾にうつつをぬかし三河《みかわ》守の職務が怠慢として、愛妾を奪われて誅殺されそうになった。だが政子は、頼朝同様に伊豆時代から臣従した家を大事にしていたので、景盛を救っている。

こうしたことで、景盛は頼家が後ろ盾とする比企氏から遠ざかり、北条氏に接近したようだ。建仁《けんにん》三年（一二〇三）の比企能員の変では、異父兄弟の島津忠久《しまづただひさ》が連座を受けて薩摩《さつま》・大隅《おおすみ》・日向《ひゅうが》の守護職を排除されたが、景盛は連座を免れている。修禅寺《しゅぜんじ》に幽閉された頼家は、比企氏に加担しなかった景盛への怒りは強く、政子に景盛の処罰を訴えている。

景盛は娘を三代執権泰時の嫡子時氏《ときうじ》に嫁がせており、時氏は早世したが、外孫の経時《つねとき》は四代執権、時頼《ときより》は五代執権になっており、時頼の子時宗《ときむね》は安達屋敷で誕生し八代執権になるというように、北条氏との関係は濃密であった。

京から迎えた四代将軍頼経《よりつね》は、執権北条氏の傀儡にあきたらず、自らが政権を握る意志を見せると、四代執権の経時は頼経を将軍職から降ろし、三浦氏の当主泰村《やすむら》の弟光村《みつむら》に京へ護送させた。だが光村は頼経に同情し、北条氏の専権を憎んで武器を集め始めた。

宝治《ほうじ》元年（一二四七）六月、五代執権時頼は泰村に和平の手を差し伸べたので、平穏に解決すると思われた。だが、時頼の外戚の景盛は打倒三浦氏に強硬で、三浦氏の風下に甘んじる子の義景《よしかげ》や孫の泰盛《やすもり》を叱咤した。六月五日には景盛は兵を率いて、甘縄《あまなわ》の屋敷から鶴岡八幡宮境内を駆け抜けると、八幡宮裏の泰村の館を強襲した。

景盛によって合戦に引き込まれた時頼は、弟の時定《ときさだ》に三浦泰村の討伐を命じ、北条氏が宿敵とした三浦一族は滅亡した。この戦いを「宝治合戦」という。

◆霜月騒動で御内人勢力に敗れた安達泰盛

景盛の孫泰盛は、従兄弟である執権時頼を支え、安達邸で誕生した時頼の嫡子時宗に異母妹を嫁がせて、北条得宗家との関係を強固なものにした。時頼が没すると、義時の三男重時《しげとき》の子長時《ながとき》が六代執権に、泰時五男の政村《まさむら》が七代執権に就いた。

文永《ぶんえい》五年（一二六八）正月に、蒙古《もうこ》帝国「元《げん》」の皇帝フビライの使者が大宰府《だざいふ》に到着した。元からの使者が提出した親書の文面は、威嚇を含んだ無礼なもので、幕府はこれに返事を出さないことに決した。西国の御家人に沿岸防備を厳重にするように布告し、北条氏嫡流の得宗である時宗が十八歳で八代執権に就任して戦闘態勢をとった。

宝治合戦後には、政務も得宗の私邸で秘密裏に決定されるようになっており、得宗の専制政治へ転換していったが、得宗家の家臣である御内人の勢力が強まっていった。

蒙古軍の襲来は、文永《ぶんえい》十一年十月と弘安《こうあん》四年（一二八一）五月にあったが、折からの大風にも助けられて、辛くも撃退することができた。

当面の戦いは終わったが、御家人たちから恩賞の請求が殺到した。泰盛は恩賞奉行となったが、蒙古との戦いでは何も得るものはなく、御家人への恩賞支給には苦心せねばならなかった。

弘安七年四月に執権時宗が死去した。七月に時宗の嫡子貞時《さだとき》が九代執権に就くが、それまでの空白期間は、泰盛の嫡男宗景《むねかげ》が執権職を代行していた。

貞時には兄弟がなく、有力親族が早世していたため、貞時を支える藩屏《はんぺい》がなかった。そのため貞時の外叔父で有力御家人の安達泰盛が幕政を掌握した。

泰盛は幕府の礎である御家人制度の再興に力を注ぐが、その結果として、御内人の幕政介入を抑制することになり、得宗家の執事である内管領《うちのかんれい》平頼綱《よりつな》との対立が激化した。

弘安八年に平頼綱は安達泰盛の嫡子宗景が源姓を称したとして、将軍への野心があると貞時に訴えた。南北朝時代の歴史書『保暦間記《ほうりゃくかんき》』には、安達氏の祖の藤九郎盛長の嫡子景盛が頼朝の落胤《らくいん》であるとして、泰盛は宗景を源氏に改姓したとある。

安達氏の祖盛長は、妻の比企尼の長女丹後内侍とともに、伊豆に配流された頼朝に尽くしている。

盛長の嫡子景盛は、薩摩・大隅・日向の守護島津忠久と異父兄弟とされ、島津忠久は頼朝の落胤《らくいん》ともしている。島津氏の家伝でも、忠久は頼朝の側室丹後局が、摂津《せっつ》の住吉大社《すみよしたいしゃ》で出産したとしているという。丹後内侍は安達盛長の妻でありながら頼朝と関係があったということだろうか。

安達氏は北条氏と密着して家を隆盛させ、弘安四年には二十三歳の宗景は、北条氏一門の年少者が就任する引付衆になり、翌年には執権や連署とともに裁判や政務を合議決済する評定衆になっている。なぜ、この時期に源氏を主張せねばならなかったのだろうか。一連のことは謎だらけである。

平頼綱は、貞時から泰盛討伐の命を得た。また、頼綱は兵を招集する命を発することができる、侍所所司でもあった。弘安七年十一月十七日に、泰盛が執権貞時邸に出仕すると、兵を執権邸に潜ませていた平頼綱ら御内人と合戦になった。

先制攻撃を受けた安達方は、周到に準備した頼綱ら御内人の軍勢に敗北し、泰盛と一族五百余名は自害した。これを「霜月騒動《しもつき》」と呼ぶ。

騒動は全国に波及して、泰盛与党である古くからの御家人の吉良《きら》、武藤《むとう》、伊東《いとう》、二階堂《にかいどう》氏などが討伐され、平頼綱が幕府の実権を握った。この戦いで没収された所領は、元寇で功があった御家人へ恩賞として分け与えられた。

御内人

平《たいらの》　資《すけ》宗《むね》

兄の讒言で将軍就任を疑われ平禅門の乱で滅びる

文永四年（一二六七）〜正応六年（一二九三）四月二十二日

◆北条氏御内人で力を蓄えた内管領・平頼綱

北条得宗家に代々仕え、御内人筆頭で内管領の平頼綱《たいらのよりつな》は、平氏を名乗っているが古くからの北条氏の家臣と思われる。

文永《ぶんえい》八年（一二七一）九月、平頼綱は他宗派を排斥し、幕府批判をする日蓮《にちれん》を逮捕した。日蓮は安達泰盛《あだちやすもり》に助命されて佐渡へ配流されたが、予言がことごとく的中して無視できなくなった。幕府は文永十一年に日蓮を許し、平頼綱が丁重に迎えて蒙古《もうこ》調伏《ちょうぶく》の祈祷を依頼した。しかし日蓮は、他宗の修法禁断を条件としたため幕府は受け容れられず、日蓮は甲斐の身延山《みのぶさん》に去った。その後の十月に蒙古軍が対馬《つしま》に上陸した。

蒙古襲来の戦時体制で得宗権力が拡大し、得宗権力を行使する御内人の勢力は増し、御家人を代表する安達泰盛との対立が深まった。

両者を調停していた執権時宗《ときむね》が、弘安《こうあん》七年（一二八四）に死去すると、時宗の嫡子貞時《さだとき》が執権を嗣ぎ、貞時の外叔父安達泰盛と貞時の乳母夫《めのと》平頼綱の対立は武力衝突にいたり、「霜月騒動」で安達一族は滅ぼされ、泰盛与党の御家人は一掃された。

◆父頼綱の寵愛で執権も及ばない権力を持った資宗

頼綱は幕政を専制支配したが、権力を握っても御内人はあくまでも北条得宗家の家人で、将軍の家人である御家人とは身分差があった。

重要政務の執事書状には得宗の花押《かおう》が必要であったが、頼綱は公文所《くもんじょ》を意のままにして書状を発給していた。若年の貞時を擁する頼綱は、得宗家の広大な所領と軍事力を背景として寄合衆《よりあいしゅう》も支配し、「今は更に貞時は代に無きが如くに成て」とされるようになった。

正応《しょうおう》二年（一二八九）、幕府は七代将軍惟康《これやす》親王を京に帰し、久明《ひさあきら》親王を新将軍に迎えるため、十月に頼綱の次男資宗《すけむね》が上洛した。その時に資宗は、北条氏家人という御内人でありながら、朝廷から異例の検非違使《けびいし》に任じられた。

資宗は、この検非違使任官の挨拶回りに、束帯《そくたい》姿で五百騎ほどの武士を従え、上皇の御所や摂関家邸を訪れた。正応五年の葵祭《あおいまつり》には検非違使として行列に加わり、金銀で飾り立てた美麗な粧《よそお》いは、言語のおよぶところでないと評されていた。

頼綱と対面した後深草院二条《ごふかくさいんのにじょう》が記した『とはずがたり』には、将軍御所の粗末さに比べて、頼綱の宿所は金銀をちりばめ、綾《あや》や錦《にしき》を身にした人々が目にまばゆいとしている。

幕府内部は頼綱の支配に不満が起こり、執権貞時も頼綱を危険視した。そうした折、頼綱と不和だった頼綱の長男宗綱《むねつな》が、「頼綱は新将軍久明親王を亡き者とし、執権貞時も滅ぼして寵愛する資宗を将軍にしようとしている」と貞時に訴えた。

正応六年四月十二日、鎌倉周辺を震源とした鎌倉大地震が発生した。貞時はこの混乱に乗じて頼綱邸へ討手を差し向け、頼綱と資宗は一族九十三名とともに滅んだ。これを「平《へい》禅門《ぜんもん》の乱」という。

頼綱と資宗は専横の振る舞いをしたが、貞時も謀反とは考えなかったようで、頼綱が資宗を将軍にと望んだとするのは、資宗が将軍になる資格や根拠がなく、現実的ではないだろう。貞時は讒訴《ざんそ》した宗綱が、自分は父とは逆意と陳弁したが佐渡に配流している。

この宗綱罷免には頼綱の一族長崎光綱《ながさきみつつな》が関わっていたとされ、貞時は光綱を内管領に登用している。やがて、得宗家で長崎氏が絶対的な権力を持ち、光綱の子円喜《えんき》は貞時の嫡子高時《たかとき》を後見し、北条一族と運命をともにした。

第二章

乱世に〝将軍〟になり損ねた室町・戦国時代の人物

足利氏略系図

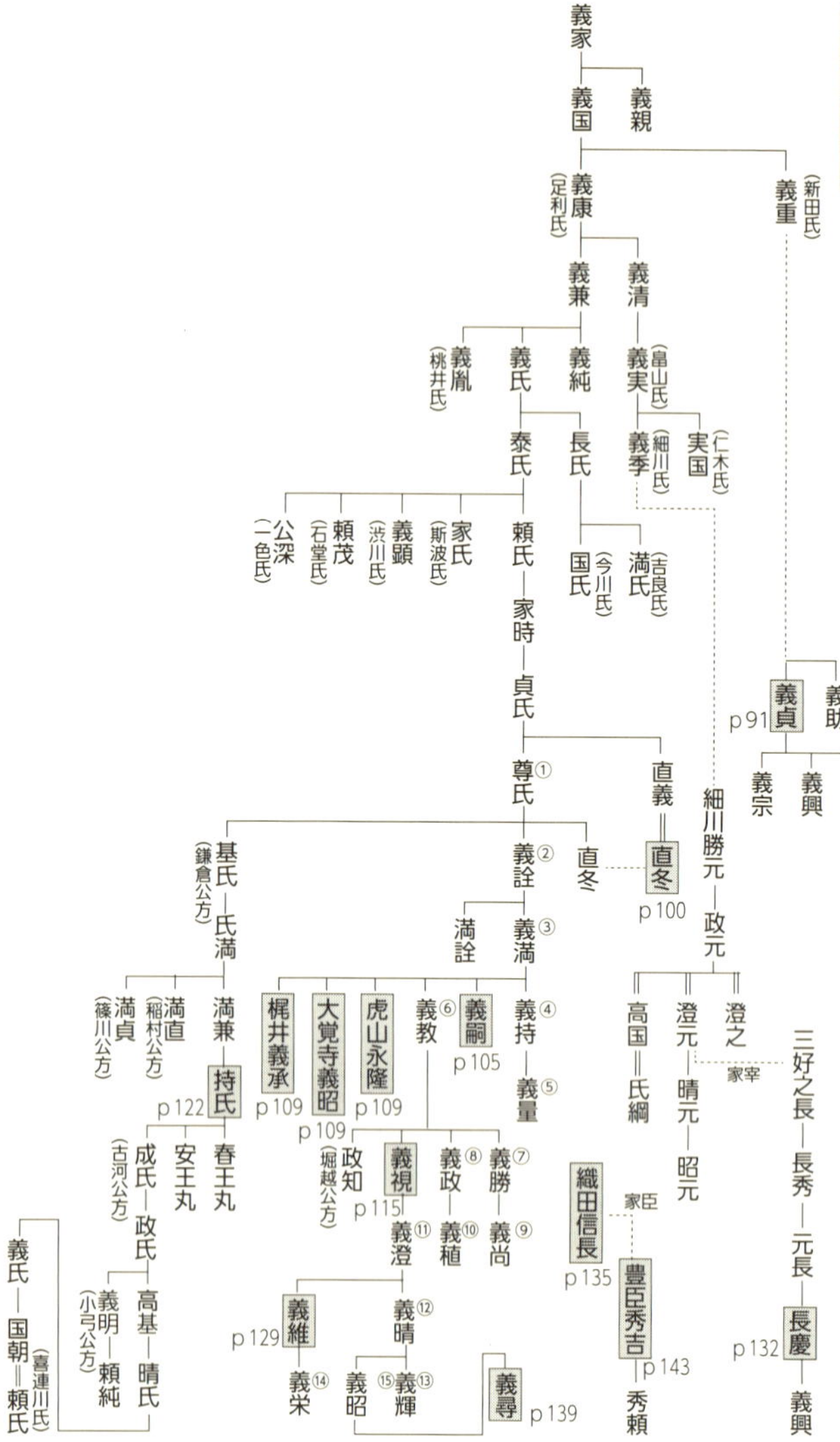

○内の数字は室町幕府将軍の就任順位を表す

上野源氏

新田義貞《にったよしさだ》

鎌倉を攻略するも同族足利氏をライバル視した生涯

正安三年（一三〇一）〜延元（南朝）三年（一三三八）閏七月二日

◆新田氏と足利氏の確執

源義家《みなもとのよしいえ》の次男義国《よしくに》は、下野国足利庄《しもつけあしかがのしょう》（栃木県足利市）を領して足利氏を称したが、義国の長男義重《よししげ》は足利庄を出て上野国新田庄《こうずけにったのしょう》（群馬県新田郡）で新田氏を称したので、義国の二男義康《よしやす》が足利氏を継ぐようになった。

長男の義重が足利の家を継がなかった詳細は不明だが、作家の海音寺潮五郎《かいおんじちょうごろう》は、義康の母は後妻で、先妻以上に義国に愛されたためではないかとしている。義重に含むところがあったのか、後の足利氏と新田氏の確執となっていった。

その後、新田氏の子孫は上野国を中心に各地に広がり、義重次男の義範《よしのり》が上野国山名《やまな》郷（高崎市山名町）にあって山名氏を称した。この山名氏は室町時代に但馬《たじま》を中心にして十一カ国の守護となり、応仁の乱で主役になった山名持豊《もちとよ》（宗全《そうぜん》）がいる。義重三男の義《よし》俊《とし》は里見郷《さとみ》（高崎市里見）にあって里見氏を称した。後に安房国《あわ》に移って安房里見氏となる。また、徳川家康《とくがわいえやす》は新田一族の得川《とくがわ》氏の子孫を称している。

新田義重は、源頼朝が治承四年（一一八〇）に挙兵したとき、独力で平氏打倒を目指して頼朝の協力要請を断り、兵を寺尾城《てらお》に集結させた。だが兵の集まりが悪く、またたく間に頼朝の勢力が強大となったので、義重は自ら鎌倉に赴いて申し開きをして許されているが、義重は頼朝から疑心を持たれていた。

かつて、頼朝の長兄義平《よしひら》は、新田義重の娘を妻にしていた。少年時代の頼朝はこの兄嫁に心ときめかせたのであろうか、義平の死後は実家の新田に戻っていた兄嫁に頼朝は恋文を送ったという。頼朝の妻政子の嫉妬深さを知る義重は、慌てて娘を他家に嫁がせたので、頼朝は新田氏に怒りを持ち、新田氏は鎌倉幕府で要職を得ることはなかったという。

一方、足利氏を継承した義康の妻は熱田宮司《あつたぐうじ》家の藤原季範《ふじわらのすえのり》の娘で、頼朝の父義朝《よしとも》と相《あい》婿《むこ》の関係にあり、保元《ほうげん》の乱《らん》ではともに後白河《ごしらかわ》天皇方で戦っている。したがって、義康の子義兼《よしかね》と頼朝は母方の従兄弟の関係で、義兼は頼朝の挙兵には直ちに参加していた。

さらに、義兼の妻は北条時政《ほうじょうときまさ》の娘時子《ときこ》で、頼朝とも相婿であるため、足利氏は鎌倉幕府では御門葉《ごもんよう》の地位に置かれた。足利氏は北条執権時代にも北条氏と姻戚関係を重ね、一族は細川氏、斯波《しば》氏、今川氏など各地の有力豪族になっていった。

北条氏は大豪族の足利氏に、朝廷から代々四位の官位を受けるように気遣いをしていた。だが新田氏は常に足利氏の後手を踏み、鎌倉幕府内では無位無冠の一御家人でしかなく、新田氏は足利氏に地位と実力では大きく水を開けられていた。

◆義貞と高氏の挙兵

正中《しょうちゅう》元年(一三二四)九月、後醍醐《ごだいご》天皇による鎌倉幕府打倒計画が露見した。だが幕府は、朝廷に対して絶対的な優位を確信しており、後醍醐を不問に付していた。

後醍醐は、その後も密かに関東調伏《ちょうぶく》の祈祷などをして倒幕を志したが、元弘《げんこう》元年（一三三一）八月、後醍醐側近の吉田定房《よしださだふさ》が後醍醐の倒幕計画を密告した。

身辺に危険が迫った後醍醐は、三種の神器を持って笠置山《かさぎやま》に籠城した。このとき河内《かわち》の悪党《あくとう》とされた楠木正成《くすのきまさしげ》は、後醍醐に同調して赤坂《あかさか》城に挙兵した。

幕府は、北条一族の大佛貞直《おさらぎさだなお》と金沢貞冬《かなざわさだふゆ》が二十万の大軍で上洛し、笠置山と赤坂城を陥落させ、元弘二年三月には後醍醐を隠岐《おき》へ配流した。

天台座主《てんだいざす》であった後醍醐の皇子護良親王《もりよししんのう》は、後醍醐の倒幕計画に協力し、比叡山の勢力を動員しようとしたが失敗して潜伏していた。この間にも護良親王は各地に倒幕の令旨《りょうじ》を発し、十一月には吉野《よしの》で挙兵した。

それに呼応して、再度楠木正成が千早《ちはや》城に立て籠もると、各地の倒幕派は勢力を拡大させ、播磨《はりま》では赤松則村《あかまつのりむら》が挙兵した。元弘三年閏《うるう》二月、吉野の護良親王は幕府軍の攻撃を受けて高野山に落ち延びたが、後醍醐は伯耆《ほうき》の悪党名和長年《なわながとし》の協力で隠岐を脱出し船上《せんじょう》山《さん》で挙兵した。

これを追討するために、幕府は執権赤橋守時《あかはしもりとき》の妹を妻とする北条一門同然の足利高氏《たかうじ》を派遣した。だが、高氏は鎌倉を発つときには造反の決意をしていた。『太平記《たいへいき》』には、このとき高氏は父貞氏《さだうじ》の喪中を理由に辞退したが許されず、幕府に反感を持つようになったとしているが、高氏はその程度のことで謀反するような単純な男ではない。

足利氏には、わが子孫は必ずや天下をとるだろうという、源義家の「置文《おきぶみ》」という予言書のようなものがあったと伝えられ、足利一族の今川貞世《いまがわさだよ》が記した『難太平記《なんたいへいき》』には、高氏の祖父家時《いえとき》が、子孫三代のうちに天下を取ることを祈願して自刃したとしている。

これらのものは、一族同様に優遇された北条氏を裏切ったイメージの悪さを払拭するための作り話とも思える。高氏は反北条の声が高まったことで幕府滅亡を感じ取り、そのときには源氏の大族である足利氏が主役になると決意したのであろう。

入洛した高氏は、挙兵の機会をうかがい、赤松討伐に向かった名越高家《なごえたかいえ》が敗死したと聞くと、四月には所領の丹波国篠村《たんばしのむら》（京都府亀岡市《かめおか》）の八幡宮社頭で反幕府を鮮明にし、諸国の一族に軍勢催促状を発した。五月七日には京に攻め入り、六波羅探題《ろくはらたんだい》を攻略した。

一方の新田義貞《よしさだ》は、楠木正成の討伐軍に参加していたが、幕府が軍資金調達に新田庄に莫大な税を課したため、病気を理由にして帰国した。五月には、義貞が徴税使を斬って幕府に反抗を示し、越後、信濃、甲斐の一族や、幕府に不満を持つ御家人たちを糾合《きゅうごう》し、鎌倉を目指して南下した。

高氏と義貞の倒幕は示し合わせたものではなく、旗揚げの理由にも差があるが、互いに幕府への不満を募らせていたところへ、後醍醐の綸旨《りんじ》を受けて挙兵となったのである。

◆鎌倉を陥落させた義貞

義貞軍が、利根川《とねがわ》を渡って武蔵国《むさし》に入ると、足利高氏の嫡子千寿王《せんじゅおう》（後の義詮《よしあきら》）を擁する二百の軍勢が合流した。関東の豪族たちは真の総大将は足利高氏と解釈し、続々と新田軍に加わり軍勢は二十万に増大した。

義貞軍は、幕府軍と小手指原《こてさしがはら》や分倍河原《ぶばいがわら》で激突し、五月二十一日には鎌倉市内に突入すると鎌倉は火の海に包まれ、翌日には得宗《とくそう》北条高時《たかとき》ら北条一族二百八十三人は、菩提寺の東勝寺《とうしょうじ》で八百七十人の家臣たちとともに自刃し、鎌倉幕府は滅亡した。

鎌倉に入った義貞は、後醍醐天皇に幕府を倒したことを報告し、戦後処理に奔走したが、諸将は足利千寿王の許に集まり、鎌倉陥落の功績も足利氏にあるような雰囲気になった。

七月になり、京に還幸《かんこう》した後醍醐天皇が、論功行賞《ろんこうこうしょう》を行うと知った諸将は上洛していったので、京の高氏は千寿王を補佐させるため細川和氏《ほそかわかずうじ》、頼春《よりはる》、師氏《もろうじ》の三兄弟を派遣した。

鎌倉街中で新田と足利の武士同士が騒擾《そうじょう》を起こすようになった。義貞は八月初頭に上洛に向かったため、鎌倉は足利氏が統治するようになった。

◆実力以上に評価された義貞

義貞上洛後の八月に叙位、除目が行われ、義貞は従四位上に叙されて左馬助《さまのすけ》に任官した。ライバルの足利高氏は従三位に叙されて武蔵守に任官し、鎮守府将軍《ちんじゅふしょうぐん》にも任じられていた。高氏の従三位と義貞の従四位とでは大きな差があるが、義貞は無位無冠からのもので優遇されたと言えるだろう。

足利高氏は、後醍醐天皇の諱《いみな》〝尊治《たかはる》〟から尊の一字を与えられて尊氏と名を改めたが、自らを征夷大将軍とする武家政権を望んでおり、後醍醐が推し進める朝廷主導の体制に反抗するようになっていく。

建武《けんむ》元年（一三三四）十月、護良親王の尊氏暗殺計画が発覚し、尊氏は後醍醐に護良親王の処罰を要求した。後醍醐は護良親王とともに尊氏の追い落としを画策したが、親王の勢力は尊氏の比ではなく、すべてを親王の罪にしたようだ。武者所の頭人の義貞は、後醍醐に命じられて親王の捕縛を主導し、親王の身は足利方に引き渡されて鎌倉へ送られた。

建武二年六月になると、関東で北条高時の弟泰家《やすいえ》や高時の遺児時行《ときゆき》らの、北条氏復権の動きが活発になり、尊氏の弟直義《ただよし》が鎌倉を死守していた。

尊氏は直義の救援軍を率いて関東に向かうにあたり、征夷大将軍と総追捕使《そうついぶし》を望んだが、後醍醐は尊氏の野望を察知して拒否した。後醍醐は武家に征夷大将軍を与えることは危険とし、公家も皇族も武を兼ねて皇室を守れとし、皇子たちを将軍にして各地に派遣した。

後に義貞が後醍醐の南朝の武の中心になったが、後醍醐の存命中もその後も義貞に征夷大将軍が与えられることはなかった。義貞には同族の尊氏が大きな壁になっており、尊氏を倒さねば前途が開けないという宿命を背負っていたことが不幸であった。

尊氏は関東の北条勢力を掃討すると、征夷大将軍を自称して武将たちに恩賞を与え、義貞の本領新田庄まで三浦高継《みうらたかつぐ》に与えていた。尊氏は後醍醐の帰京命令を無視し、武家政権の既成事実化をはじめ、朝廷へ義貞を「君側の奸《かん》」として誅伐《ちゅうばつ》する奏状を提出していた。

義貞の本心も武家政権の復活を望んだと思われるが、尊氏のように朝廷と渡り合えるほどの手腕はなかった。また、鎌倉を攻め落とすという大功をなしたため、実力以上の評価を期待され、尊氏に対抗できる天皇方総大将の重荷を担わされていった。

義貞には人望や徳がなかったが、尊氏は人望が篤く、九州に落ちる際にも多くの武将が随行していた。世情に長けた楠木正成は、後醍醐に新田義貞を誅伐して足利尊氏と和睦するべきと奏上したが、この提案は、天皇側近の公家たちに鼻で笑われ却下されていた。

◆宿命のライバルに敗れた義貞

結果的に義貞は、尊氏と宿命的な対決を求めていくようになる。

宿命のライバルは政界や経済界、スポーツ界などあらゆる分野にあり、歴史上でも劉備《りゅうび》対曹操《そうそう》、劉邦《りゅうほう》対項羽《こうう》、ティムール対明《みん》王朝の永楽帝《えいらくてい》など多くある。

スポーツ界でのライバルは、下位の者が上位の者に追いつけ追い越せと切磋琢磨《せっさたくま》し、上位の者もさらに技能を磨く。そのため周囲も刺激されて、全体的にスキルアップされることが多く、いい結果を生んでいる。

義貞は尊氏をライバルとしたとしても、尊氏は気づかなかったように思える。尊氏と義貞では、動員できる戦力は圧倒的に尊氏の方が多く、精神的な支援になる後醍醐の政権も民衆から乖離《かいり》していて、どうあっても義貞に勝ち目はなかった。

義貞を主力とする朝廷の軍事力は、一時は尊氏を九州に追い落としたが、尊氏は西国の武士たちに支援されて勢力を盛り返した。

快進撃を続ける足利軍を、義貞は楠木正成とともに兵庫《ひょうご》で迎撃することとなったが、尊氏の勢いを止めることはできず、正成は自刃し義貞は敗走した。

その後、義貞は越前《えちぜん》の金《かな》ヶ崎《さき》城で苦戦を強いられ、延元《えんげん》（南朝）三年（一三三八）閏七月の越前藤島《ふじしま》での交戦中に戦死した。義貞は矢の乱射を浴びて落馬し、眉間《みけん》に矢を受けて観念し、自らの太刀で頚《くび》を掻《か》き切って果てたという。

義貞の死で、足利氏との武家の棟梁をめぐる争いは終焉するとともに、南朝側にとっては北畠顕家《きたばたけあきいえ》の戦死とともに決定的な打撃となった。その後、義貞の子らも戦乱に斃れ、南朝は劣勢へと傾いていった。

尊氏長子

足《あし》利《かが》直《ただ》冬《ふゆ》

父尊氏に認知されず養父に従い反室町幕府を貫く

嘉暦二年（一三二七）?～嘉慶（北朝）元年（一三八七）七月二日

◆実父の尊氏から認知されなかった直冬

足利直冬《ただふゆ》は尊氏の長子であるが、尊氏から認知されなかった。

直冬の母は越前局《えちぜんのつぼね》とされるが、『太平記』には「古《いにし》へ将軍ノ忍テ一夜通ヒ給タリシ越前ノ局ト申ス女房ノ腹ニ出来タリシ人」とあり、若い頃の尊氏が越前局という出自のわからない女性の所へ忍び通って生ませた子であるとしている。

幼名は新熊野《しんくまの》としたが、鎌倉の東勝寺で喝食《かつじき》になっていた。貞和《じょうわ》元年（一三四五）頃に還俗して東勝寺の僧侶円林《えんりん》に伴われて上洛、尊氏に父子の対面を求めたが許されなかった。

そのため玄恵法印《げんえほういん》に預けられ、玄恵が尊氏の弟直義《ただよし》に相談すると、直義に引き取られた。

直義には子がなかったので直義の養子とされ、直冬と名乗るようになる。

貞和四年には、紀伊《きい》などで南朝勢力の動きが活発になり、直義はその討伐軍の大将に直冬を用いるように進言し、尊氏は苦々しく思いながら受け容れたことで認知された。

直冬は三カ月をかけて、見事に目的を達した。これが直冬の初陣で、直冬の戦功を養父の直義は評価したが、尊氏や尊氏の嫡男義詮《よしあきら》、尊氏側近たちは冷たい態度で接したという。実の父から、ここまで無視されると、直冬が尊氏や義詮を憎悪していくのも理解できる。近年、妻の連れ子を義父が虐待する事件が報道されることも多いが、直冬の場合は実父とその周辺から虐待に近い扱いを受けていたのである。

◆観応の擾乱を機に実父と対立

直義は、直冬を京から離した方がいいと考え、直冬を長門探題《ながとたんだい》に推薦して認められた。長門探題は、鎌倉幕府が蒙古《もうこ》の再来襲に備えて設けられたが、室町幕府では常設されておらず、直冬のために新たに設けられたものである。備後《びんご》、備中《びっちゅう》、安芸《あき》、周防《すおう》、長門、出雲《いずも》、因幡《いなば》の西国七カ国を管領した。

幕府の内部は尊氏と直義の二頭政治であった。征夷大将軍の尊氏は軍事の指揮権を行使する侍所や恩賞方を握り、直義が政務を担当して、秩序の維持で安定を目指していた。

直義は律儀な性格であったが、足利家の執事高師直《こうのもろなお》は恩賞の増加を望む武士に「その辺の荘園を横領しろ」と言うような乱暴な性格で、直義が受け容れられる者ではなかった。

貞和（北朝）五年（一三四九）閏六月、直義と師直の関係が険悪になり、直義は尊氏に師直を罷免させた。ところが師直が兵を集めて反抗の姿勢を示したので、直義は政務から手を引き、尊氏は義詮を政務統括者として事態を収めた。

直冬は養父の危機に上洛しようとしたが、播磨《はりま》の赤松則村《あかまつのりむら》に阻止された。直冬は備後の鞆《とも》で管領する西国七カ国に軍勢を督促した。尊氏は中国で勢力を拡大させる直冬の討伐令を発した。九月に直冬は師直の命を受けた軍勢に襲撃され、海路を九州に逃れた。

九州は南朝の懐良《かねよし》親王を擁する菊池《きくち》氏、博多を本拠にした九州探題の一色範氏《いっしきのりうじ》、大宰府《だざいふ》の少弐頼尚《しょうによりひさ》らが鼎立《ていりつ》していた。直冬は懐良親王と協調路線をとり、幕府方と戦った。

九州探題の一色範氏と大宰府の少弐頼尚は、協調して直冬に対していたが、少弐頼尚は一色範氏との対抗心から直冬を自陣営に迎え、一色範氏を博多から駆逐した。

この報を受けた尊氏は、自らが出陣するため中国地方に動員令を発したが、直冬も中国地方や四国に動員令を発していた。尊氏は高師泰《もろやす》を先鋒として中国地方に向かわせたが、石見《いわみ》で直冬方に妨害され出雲に逃れ、尊氏は備前に滞陣していた。

この間の、観応《かんのう》（北朝）元年（一三五〇）十月に、直義は大和《やまと》に出奔して支持勢力を集め、南朝と和睦して挙兵した。翌年正月に、南朝勢力の支援を受けた直義軍が京に進軍すると、京を預かる義詮は京を捨てて、尊氏が陣する備前に逃走した。

尊氏は義詮や師直とともに、京の奪還に向かった。だが、二月の摂津打出浜《せっつうちでのはま》の戦いで直義軍に敗れ、尊氏は高師直と師泰の兄弟を出家させる条件で直義と和睦した。

僧形になって京に向かう師直と師泰の兄弟は、二人に養父上杉重憲《うえすぎしげのり》を暗殺されて恨みを持っていた直義の家人上杉能憲《よしのり》に、摂津《せっつ》国武庫川《むこがわ》で襲われて殺害された。

直義は再び幕府内で政務を執り、直冬は尊氏から九州探題に任じられている。だが幕府内部では、直義と尊氏親子との対立が激化していった。

七月に、尊氏は近江《おうみ》の佐々木道誉《ささきどうよ》と播磨の赤松則村と図り、東西から直義を攻撃しようとした。これを察した直義は北陸に逃れ、十一月には直義党の上杉憲顕《のりあき》が守護する鎌倉に入った。

尊氏は南朝と和解して後顧の憂いを断ち、鎌倉に向けて軍を発した。直義方は東海道の各地で抵抗したが、尊氏軍はそれを破って、文和《ぶんな》（北朝）元年（一三五二）一月には鎌倉に入った。関東の諸将は尊氏方に付き、直義は降伏して浄妙寺《じょうみょうじ》内の延福寺《えんぷくじ》に幽閉された。二月に直義が毒殺され、尊氏と直義兄弟による観応の擾乱《じょうらん》は一応の決着を見た。

◆実父を追って入京するも敗走し流転

直義勢が崩壊した後も、直冬は石見で勢力を保って長門国豊田城に拠っていた。直冬は南朝に帰服し、文和三年五月に、南朝に接近していた斯波高経《しばたかつね》、桃井直常《もものいなおつね》、山名時氏《やまなときうじ》、大《おお》内弘世《うちひろよ》らの支援を受け、上洛を開始した。

翌文和四年には、南朝方の楠木正儀《くすのきまさのり》らとも協力して、実父の尊氏を京から追った。その後、義詮、赤松、京極《きょうごく》の軍勢と激戦を展開するが大敗した。三月には東寺《とうじ》に拠って尊氏軍と戦って敗れ、石清水八幡《いわしみずはちまん》へ敗走した。

延文《えんぶん》三年（一三五八）に尊氏は死去したが、度重なる戦いで南朝方も衰微《すいび》していた。貞《じょう》治《じ》二年（一三六三）には大内弘世、山名時氏らは幕府に降り、直冬方は瓦解した。

その後の直冬は吉川《きっかわ》氏が保護したとされるが、どのような晩年であったかは不明である。

直冬は尊氏の長子でありながら、母の出自から父に愛されることはなく、征夷大将軍の座は異母弟の義詮が継承していた。夢窓疎石《むそうそせき》は尊氏の人物評を「慈悲深く多くの敵を許し、心が広く物惜しみをしない」としたが、直冬に対してはまったく情のない対応をしていたのである。

義満庶子

足利義嗣《あしかがよしつぐ》

父義満の急死で天皇になる道を断たれた将軍の弟

応永元年（一三九四）〜応永二十五年（一四一八）一月二十四日

◆父義満の皇位簒奪計画に翻弄された幼少期

足利義嗣《よしつぐ》は、応永《おうえい》元年（一三九四）に室町幕府三代将軍義満《よしみつ》の子として生まれ、幼名を鶴若丸《つるわかまる》とした。同年に義満の嫡子義持《よしもち》が将軍職に就いた。庶子の鶴若丸は同年生まれの春《はる》寅丸《とらまる》（後の義教《よしのり》）とともに僧侶となる予定であった。

義満は絶大な権力を持ち、有力守護大名の勢力を押さえて幕府権力を確立させ、明徳《めいとく》三年（一三九二）には、南北朝の合一を果たし、南北朝の紛争に終止符を打った。

義満は明《みん》の太祖《たいそ》洪武《こうぶ》帝《てい》の治世にあやかり、日本の元号に「洪」の字を用いようとしたが、洪の字は洪水に繋がるなど不吉として公家たちが反発したため、応永の元号を用いたが、機嫌を損ねた義満は自分の生存中には元号を変えさせなかった。

義満は応永十五年（一四〇八）に、元服していない鶴若丸を連れて参内するという異例の事態を起こし、鶴若丸は従五位下に叙せられた。義満は笙《しょう》の演奏に長けていた鶴若丸に、公卿の素質があることを公家たちに示す狙いがあったようだ。

天皇家は、承久《じょうきゅう》三年（一二二一）の承久の乱以後は、自らの皇位継承権を失っていた。義満は天皇家から祭祀権や人事権などの諸権力を接収し、義満の参内や寺社への参詣には、上皇と同様の礼遇が執られた。将軍の発する御教書《みきょうしょ》を、天皇の綸旨《りんじ》や上皇の発する院宣《いんぜん》に代わるものとし、天皇家の権威をさらに弱体化させていた。これは、義満が事実上の天皇になって、院政を開始したに等しいと認識されていた。

鶴若丸は後小松《ごこまつ》天皇の北山第行幸《きたやまていぎょうこう》に同行し、この時に正五位下左馬頭《さまのかみ》に叙任され、その後には従四位下、左近衛中将に任ぜられていった。武家では左馬頭に任官できるのは征夷大将軍と鎌倉公方のみで、近衛中将に任官できるのも征夷大将軍のみである。これらの措置は義満の偏愛によるものとされている。さらにこの間に後小松天皇から盃を賜っているが、当時では元服前の者への例はなかった。この時、将軍の義持は京の警備を命じられていたという。

鶴若丸は内裏《だいり》の清涼殿《せいりょうでん》で元服をして義嗣となった。将軍家の加冠役《かかんやく》は父親か管領《かんれい》が務めるのが通例だが、鶴若丸の加冠役は内大臣二条満基《にじょうみつもと》、理髪役は頭左大弁烏丸豊光《とうのさだいべんからすまとよみつ》が務めた。公家の加冠役はきわめて異例で、これは「立太子」の儀式とされ次期天皇を約束されたとされる。

内裏では、紫宸殿《ししんでん》以外の場所で元服を行うのは親王や摂家並の形式で、これにより義嗣は「若宮」と呼ばれるようになった。同時に従三位参議に任官したので、義満が義嗣を後継者と考えていると推測した武将や公家も多かった。

だが老臣の斯波義将《しばよしまさ》が義持の家督相続を主張したため、義持の地位が決定していた。

◆父の死で奈落の底に突き落とされた義嗣

義満は、義嗣を天皇に、義持を将軍にして、足利政権を盤石なものにしようとしていたとされている。だが、義満は義嗣元服の数日後に病の床につき、間もなくの応永十五年五月に死去した。これには毒殺説もある。

義満の急死で義嗣は庇護者を失ったが、義嗣はその後にも、「新御所」と呼ばれて昇進は進み、応永十六年一月には正三位になり、義持が三条坊門《さんじょうぼうもん》殿を築くと、義嗣にも三条坊門に屋敷が建造されている。閏三月には加賀権守《かがごんのかみ》、七月には権中納言に任官した。応永十八年十一月には権大納言、その三日後に従二位、応永十九年九月には院庁の実務を担当する院司《いんし》、応永二十一年一月には正二位に叙せられた。

だが、四代将軍義持は、足利将軍家は「裏方」に徹するべきとの考えで、これまでの義満の政策を快く思わず、義満の死後には父の政策をすべて白紙撤回した。朝廷が皇位を後継者に譲った天皇の尊号「太上天皇《だいじょうてんのう》」の諡《おくりな》を義満に贈ろうとしたが、義持は辞退した。

将軍権力は義持が掌握しており、義満の寵愛を一身に浴びてきた義嗣が疎まれ憎まれるのは明らかで、義嗣自身の思いと、兄義持の政策にズレが生まれていた。

応永二十三年、義嗣の妾の父の前関東管領の上杉禅秀《うえすぎぜんしゅう》（氏憲《うじのり》）が、鎌倉府で鎌倉公方の足利持氏《もちうじ》を襲撃する「上杉禅秀の乱」が起こった。これに乗じて多くの守護大名や公卿が、義嗣を擁して義持打倒を計画したとされ、義嗣は京を出奔した。

幕府は応永二十四年に持氏救援の軍を派遣して乱を鎮圧したが、義嗣の上杉禅秀への内通が疑われた。義嗣は捕らえられて仁和寺《にんなじ》へ、次いで相国寺《そうこくじ》で幽閉され出家させられた。翌年に義嗣は、兄の将軍義持の命を受けた富樫満成《とがしみつなり》によって殺害された。

父の義満が長寿なら、義嗣は天皇になっていたかもしれない。そうなると皇族以外から天皇になる道が開かれ、以後の日本の歴史は変わっていただろう。だが、終わりなき戦乱の時代になったに違いないだろう。

義満庶子

将軍になる籤引きに外れた三人の兄弟たちのその後

虎山永隆《こざんえいりゅう》・大覚寺義昭《だいかくじぎしょう》・梶井義承《かじいぎしょう》

応永十年（一四〇三）〜嘉吉二年（一四四二）二月十八日
応永十一年（一四〇四）〜嘉吉元年（一四四一）三月十三日
応永十三年（一四〇六）〜応仁元年（一四六七）十月十八日

◆四人の中から籤引きで選ばれた義円

四代将軍義持は、応永三十年（一四二三）に十七歳の嫡子義量《よしかず》に将軍職を譲った。義持は出家して道詮《どうせん》と名乗ったが、まだ三十九歳の働き盛りで、隠居して大御所となったのではなく、自由な立場で政治をするためのもので、実権を手放さなかった。

この時代は、義持が絶対君主の義満の政治を否定したことで、将軍の地位は守護たちの勢力争いの中でかろうじて保たれていた。義持は自分が実務を行うことで政治混乱を防いでいるとし、スムーズに政権委譲をしたいとしたが、肝心の義量が将軍になってから疱瘡《ほうそう》を患うという病弱だった。

武家の貴族化の風潮の中で、義量は公達《きんだち》と同じような環境で育って早くから酒色を覚え、義持は十五歳の義量が大酒に酔ったと知ると激しく叱り、義量の近臣たちに許可なく義量に酒を飲まさないという誓紙を出させていた。

義量は、将軍就任二年後の応永三十二年に体調を崩して容体が急変し、十九歳の若さで世を去った。義量が将軍として残した事績は何もない。

将軍空位のまま、義持が政務を見て新将軍を選ぼうとしなかった。石清水八幡の占いでは〝男子出生〟と出たので、男子が生まれるのを待ったのだが、占いは外れていた。

だが、その義持も病床に伏すようになった。側近たちは後継者を選ぶようにと促したが、重臣たちの動向に左右されて力を発揮できなかった義持は「実子がない今となっては決めようはずがない」と拒み続けて抵抗していた。

応永三十五年一月十七日、義持は危篤状態になり、側近たちが跡継ぎについて問うと、皆で和議して決めよとした。そこで醍醐《だいご》寺《じ》の三宝院《さんぽういん》満済《まんさい》が、義持の四人の弟から籤《くじ》引きで選出することを進言すると、義持はこの前代未聞の選択方法を承認した。

将軍候補者は、虎山《こざん》永隆《えいりゅう》、大覚寺《だいかくじ》義昭《ぎしょう》、梶井《かじい》義承《ぎしょう》、青蓮院《しょうれんいん》義円《ぎえん》の四人で、深い信仰を集めていた石清水八幡の神意を籤引きで仰ぐことになった。山名《やまな》時熙《ときひろ》が花押《かおう》を押して籤を封印し、管領畠山《はたけやま》満家《みついえ》が石清水八幡で籤を引き、幕府政庁の室町第《むろまちてい》に持ち帰った。

畠山満家が開いた籤には「青蓮院門跡義円准三后《しょうれんいんもんぜきぎえんじゅさんごう》」とあり、義持の異母弟の天台座主義円が将軍に選ばれた。義円は四人の中では最年長で、すでに三十五歳になっていた。

◆厳しい弾圧政治をし、殺害された六代将軍義教

神意によって六代将軍に選ばれた義円だが、幕府権威を回復させる強い意志があり、すぐには承知せず斯波《しば》氏、畠山氏、細川氏から「将軍を抜きに勝手なことをしない」という証文を取っていた。

元服前に出家した義円は、俗人としてはいまだ子どもで無位無官である。万里小路時房《までのこうじときふさ》は法体の者が還俗して将軍になった先例はなく、髪が伸びて元服してから昇任させるべきとし、公卿の大半も同意見だった。翌永享《えいきょう》元年（一四二九）に、義円は元服して義宣《よしのぶ》と名乗ったが、義宣には世を忍ぶという響きがあるため義教《よしのり》と改名した。

六代将軍義教は、機嫌の良い時は寛容だが、虫の居所が悪い時には独裁者としての狂気を見せ、幕府権威を回復させるために厳しい弾圧政治を行い、常に幕府に反抗の姿勢を見せる鎌倉公方を断絶させた。彼は守護大名や公家でも情け容赦なく処罰したので「万人恐怖《ばんにんきょうふ》」とされ、有力守護の家督相続に干渉し、自分に従順な者に家督を相続させたため

恨みを買っていた。

嘉吉《かきつ》元年(一四四一)六月、幕府の長老格赤松満祐《あかまつみつすけ》の所領が没収される噂が立っていた。満祐は関東での結城《ゆうき》合戦に、幕府軍が勝利した祝宴を開いて義教を招いて殺害した。義教は恨みを持たれたが、確実に幕府権威を回復させていた。だが、その死後には幕府の権威は完全に失われてしまったのである。

◆鹿苑院主となった虎山永隆

籤引きに外れた、義満の四人の庶子の一人虎山永隆は、応永十年(一四〇三)の誕生である。将軍の庶子は僧籍に入って、将軍家の繁栄を祈念するように運命づけられ、臨済宗《りんざいしゅう》相国寺《しょうこくじ》に入り、嘉吉元年に鹿苑《ろくおん》院主となる。のち相国寺常徳院内に聯輝軒《れんきけん》をひらいた。相国寺永隆、聯輝軒永隆としても知られるが、それ以外の事績はない。

籤により将軍になった義教の死の翌年の、嘉吉二年二月に死去した。享年《きょうねん》十九であった。

◆流浪の末に自害した大覚寺義昭

籤引きに外れた大覚寺義昭は、応永十一年の誕生で母は不明であるが、裏松(日野)重光の養子として養育された。重光の姉康子《やすこ》が三代将軍義満の正室のため、義昭の生母もそれなりの地位の出自と推測される。十歳で大覚寺に入って出家し、大覚寺門跡となった。

六代将軍になった義教は、幕府権力の再建に尽力したが、神経質な癇癪《かんしゃく》持ちで、発作的に激怒した。永享《えいきょう》六年（一四三四）に、義昭の養父裏松重光の嫡男義資《よしすけ》は、義教の勘気を被って蟄居《ちっきょ》中だったが、何者かに殺害されるという事件が起こった。これは義教の指図によるものと噂されたことから、義昭は次第に義教と疎遠になった。

そうなると義教は、義昭に猜疑の念を持つようになった。身の危険を感じた義昭は、永享九年七月に大覚寺から逐電した。

この頃、鎌倉公方足利持氏が反幕府の動きを見せていたことから、義教以下幕閣は、義昭は鎌倉方と結んで出奔したと判断した。義昭が南朝方と吉野で挙兵したという風説が流れたり、四国にいるという情報が伝えられたりするが、義昭は各地を流浪した末に九州に渡って還俗し、尊有《たかもち》と名乗って日向《ひゅうが》国の国衆野辺《のべ》氏が保護していることが判明した。

義教は日向と薩摩《さつま》守護を兼ねる島津《しまづ》忠国《ただくに》に義昭討伐を命じたが、忠国は義昭討伐を渋った。しかし、忠国も度重なる義教からの命に抗しきれなかった。

嘉吉元年三月、忠国は義昭討伐の追っ手を、義昭が潜伏する櫛間《くしま》永徳寺《えいとくじ》に向けた。忠国の兵が永徳寺を包囲すると、義昭は自害して果て、義教の猜疑心の犠牲になっていた。

◆天台座主となった梶井義承

梶井義承は応永十三年に生まれた。母は三代将軍義満の側室藤原誠子《ともこ》で、応永十九年に梶井門跡（三千院《さんぜんいん》）に入り得度する。

天台座主の義円が六代将軍義教になると、幕府権威の回復に向かった。畿内の大寺社の勢力は大きく、中でも京の背後にあって王城鎮護の霊場とする比叡山延暦寺《ひえいざんえんりゃくじ》は、軍事的にも力を持っていた。

将軍義教は天台座主だったことで、衆徒の横暴を熟知しており、永享七年には義承を天台座主に任じて天台勢力の取り込みを図った。

だが比叡山勢力も簡単には屈せず、幕府に対立姿勢を強める鎌倉公方と通じ、義教の呪詛《じゅそ》をしているという噂が流れた。義教が兵を動員して比叡山一帯を包囲させると比叡山は降伏を申し入れ、義教はこれを許した。だが、首謀者四人を京に招き、捕らえて首をはねさせている。

兄の義教に利用された義承だが、応仁元年（一四六七）十月に死去している。

義政の弟

足利義視《あしかがよしみ》

兄義政に次期将軍とされるも義尚誕生で狂った人生

永享十一年（一四三九）閏一月十八日～延徳三年（一四九一）一月七日

◆次期将軍が約束されていた義視

六代将軍足利義教は、有力大名の家督相続に強引に介入し、嘉吉元年（一四四一）六月に幕府長老格の赤松満祐《あかまつみつすけ》邸で暗殺されてしまった。

管領細川持之《ほそかわもちゆき》らは、まだ九歳の義教の嫡子千也茶丸《せんやちゃまる》を七代将軍に決定し、後花園《ごはなぞの》天皇から義勝《よしかつ》の名を賜った。しかし、義勝は赤痢《せきり》に罹ってあっけなく死亡してしまった。

次期将軍に義勝の二歳下の弟三春《みはる》が選出され、管領畠山持国《はたけやまもちくに》が後見した。宝徳《ほうとく》元年（一四四九）に、三春が元服して義政《よしまさ》を名乗るまでの六年間は将軍空位時代であった。

康正《こうしょう》元年（一四五五）に、義政は日野富子《ひのとみこ》を正室に迎え、五年後には男子が誕生したが、生後間もなく死亡してしまった。

時代は、次第に乱世の兆しが見えはじめ、政治に興味をなくした義政は、男子が生まれないものと諦めた。寛正《かんしょう》五年（一四六四）に、天台宗浄土寺門跡である異母弟の義尋《ぎじん》を養子とし、後継者にしたいとした。当初、義尋は義政の申し出を断ったが、義政が「将来男子が生まれても僧にして、将軍職は必ず譲る」とする誓紙を渡したので、還俗して名を義視《よしみ》と改め、四国を中心にして一族で九カ国の守護になっている細川勝元《かつもと》が後見になった。

義視は、義政の後継者として、日野富子の同母妹良子《よしこ》を正室に迎え、寛正六年十一月には参議と左近衛中将に補任され順調に地位を上昇させていった。ところが義政と富子の間に義尚《よしひさ》が誕生し、将軍世子とされた。富子は義尚の後見に、中国地方で八カ国の守護である山名宗全《やまなそうぜん》（持豊《もちとよ》）を選んだ。

だがしばらくは、義視の立場には特に変化はなかった。当時は子どもの生存率が低いため、義視は義尚が成長するまでの中継ぎとして見られていたのである。

◆同じ構図の家督争いをする将軍家と大名家

管領畠山持国は弟の持富《もちとみ》に家督を継がせようとしたが、心変わりをして庶子の義就《よしなり》を後継者に指名したことで、内紛が起こっていた。

一方で、細川勝元と山名宗全は、畠山持国に対抗するため、勝元は宗全の養女を妻に迎えていたが、子が生まれないため宗全の末子豊久《とよひさ》を養子に迎え、結束を固めていった。ところが文正《ぶんしょう》元年（一四六六）に、細川勝元に実子政元《まさもと》が生まれたのである。勝元は養子である宗全の子豊久を出家させ、実子の政元を跡継ぎにしたため、細川氏と山名氏が対立するようになった。

優柔不断な義政は、一時は後継とした弟の義視より、実子の義尚に将軍職を継承させたいとした。義政側近で義尚養育掛の伊勢貞親《いせさだちか》は義政の意を忖度《そんたく》し、文正元年九月に、貞親は義視が反逆を企んでいると訴え、義政に誅殺を求めた。

驚いた義視は山名宗全の屋敷に逃れ、後見である細川勝元に無実を訴えた。貞親は讒訴《ざんそ》の罪を問われて伊勢に逃走したので、義政側近が勢力を失うと、義政はますます政治への意欲をなくしていった。

◆応仁の乱で揺れる義視の地位

畠山氏の家督争いで、将軍義政と義視は畠山義就を支持していた。山名宗全が畠山義就を支持すると、細川勝元は持富の次男政長《まさなが》を支持した。義視は両者に和睦を呼びかけたが、文正二年一月十八日には、ついに武力対決になった。

畠山政長は自邸に火を放って上御霊社《かみごりょうしゃ》（御霊神社）に陣を構えると、畠山義就軍が押し寄せた。戦いは翌早朝まで続き、敗れた畠山政長は細川邸に逃走した。

畠山の各軍を支援する細川氏と山名氏は、国許の家臣や被官に上洛を要請すると、諸国から続々と軍勢が上洛し、十一年間におよぶ応仁《おうにん》の乱が勃発した。

細川方は将軍の邸宅の室町殿周辺に陣を布いたので「東軍」と呼び、山名方は一条大宮一帯に陣を布いたので「西軍」と呼んだ。

義政は中立の立場を取り、畠山義就に「不本意だろうが政長と領国を分割して和睦して欲しい。天下の平和のために頼み入る」という意の御内書を発し、彼なりに努力していた。

だが義政は、応仁元年（一四六七）六月に、細川勝元に将軍旗と朝敵討伐の「治罰《ちばつ》の綸旨《りんじ》」を与えたので、西軍は追討を受ける立場になった。ところが八月に、細川方主将の義視が室町殿から伊勢の北畠教具《きたばたけのりとも》の許に出奔した。幕府要人の中には西軍に内通する者が多く、義視は身の危険を感じたという。

主将の義視を失った義政や勝元は、義視をなだめ帰京を促したり、天皇の詔勅《しょうちょく》を発して義視の帰京を命じた。だが、義視が帰京すると、日野勝光《ひのかつみつ》と富子の兄妹が義視を誹《そし》り、義視も義政に勝光らの排斥を訴えた。これによって義政は義視を恐れるようになり、義視の将軍継承を解消し、義尚を次期将軍に決定した。

義政と富子から嫌がらせを受ける義視と側近は密かに比叡山に逃れ、その後に西軍の陣営に入った。

西軍は幕府から討伐対象とされ、戦う大義がなかったため義視を歓迎した。義視が西軍の将軍として御教書を発すると、天下に二人の将軍が並び立ち、二つの幕府が出現したのである。だが義政は激怒し、朝廷に働きかけて義視や側近の官位を剥奪し、朝敵として追討の対象とした。

長引く戦争状態で両軍ともに疲弊し、疫病も流行した。文明《ぶんめい》四年（一四七二）に細川勝元と山名宗全の間で和平交渉がはじまったが、翌年には実を結ばないまま二人は相次いで病死してしまった。

義政は義尚を九代将軍に就任させると、戦局は東軍の優勢が明らかになった。文明六年には細川氏分家の細川政国《まさくに》が後見した八歳の細川政元と、山名氏の後継者山名政豊《まさとよ》との間で講和交渉が再開し、四月には山名氏が降伏するという形で和議は成立した。

だが、戦いの発端となった畠山氏の家督問題は解決しておらず、反細川の立場から大軍を率いて西軍に加盟した大内政弘《おおうちまさひろ》の目的は達成されていないため、実質的な幕引きにはならなかった。しかし、文明八年に義政が大内政弘に守護職を安堵するという条件で、終戦を持ちかけると事態は動いた。

翌年に大内勢が領国に撤退すると、応仁の乱は終息することができた。両軍の軍兵は京から撤退していき、義視も義政に詫びを入れて許された。だが義視には身を処するところがなかった。これを見た美濃《みの》守護土岐成頼《ときしげより》の守護代斎藤妙椿《さいとうみょうちん》が義視と十二歳の子義材《よしき》など、義視一家を美濃に引き取っていった。

義政の正室日野富子は、乱で窮乏した公家や、東西陣営にかかわらずに武将たちに高利で金を貸し、悪評を高めていた。だが、富子からの借金で帰国できた武将も多く、富子は京の平和に貢献していたことにもなった。

◆義政に赦免され子の義材が将軍に就任

九代将軍義尚は、父のように政治から逃げようとはせず、奉公衆を中心にした将軍権威の確立に努めようとした。長享《ちょうきょう》元年（一四八七）九月には、近江守護の六角高頼《ろっかくたかより》が寺社などの所領を押領したため、義尚自らが討伐に向かった。美々しい鎧直垂《よろいひたたれ》に身をかためた義尚を視た京の市民は、「真の征夷大将軍」と歓呼したという。

だが六角勢は観音寺城《かんのんじ》に拠って迎撃態勢を示したので、幕府軍は攻撃を加えると甲賀《こうか》に逃走した。その後、六角勢はゲリラ戦を展開して抵抗した。義尚は長期の在陣で健康を損ね、延徳《えんとく》元年（一四八九）三月に嗣子もなく陣没してしまった。

義政が大御所として復帰し幕政を保っていたが、富子は将軍継嗣の候補に義視の子義材を推奨したので、義視と義材の父子は十二年間過ごした美濃を後にして京に向かった。

翌年正月に義政が没すると、富子は義材を室町殿跡目と内定し、七月には十代将軍に就任した。義視は自らは将軍になれなかったが、子を念願の征夷大将軍にできたのである。

現代でも、政界や経済界では次期トップになるために、熾烈な戦いが展開されることがあるが、義視は地位への執着をなくしたときにチャンスが巡ってきている。後継を狙っているときには、直接に利害が絡むので、言動もギラギラとしていただろう。そこには次期候補に便乗したい者しか集まらず、異様な雰囲気を醸していたに違いない。

その後、義材の将軍の座も安定したものではなかった。細川政元が西軍に担がれた義視の子である義材の将軍就任に反対し、義政の異母兄で伊豆の堀越公方《ほりこしくぼう》になっている政知《まさとも》の子（義澄《よしずみ》）を推したのである。これに義視と富子の関係悪化も加わり、義視の死後に富子は義材を敵視するようになり、新たな紛争の火種になっていった。

鎌倉公方

足利持氏《あしかがもちうじ》

幕府に対し自分勝手な不満を爆発させた鎌倉公方

応永五年（一三九八）～永享十一年（一四三九）二月十日

◆対立が深まる鎌倉公方と関東管領

足利持氏《もちうじ》は、三代鎌倉公方満兼《みつかね》の子に生まれ、幼名を幸王丸《こうおうまる》といった。応永《おうえい》十六年（一四〇九）に満兼が三十二歳で死去したため、若年の幸王丸が四代鎌倉公方候補になり、翌年に元服して四代将軍義持《よしもち》から「持」の字を賜って持氏を名乗り、正式に四代鎌倉公方《かまくらくぼう》に就任した。

鎌倉公方とは、足利尊氏《たかうじ》と弟の直義《ただよし》が対立したとき、尊氏は鎌倉で関東を統治していた嫡男の義詮《よしあきら》を京に呼び戻し、三男の基氏《もとうじ》を鎌倉府に派遣し、鎌倉殿としたことからはじまる幕府の出先機関である。鎌倉府は関東十カ国を支配し、関東では絶対的な権力を持った。

正平《しょうへい》十三年（一三五八）に尊氏が死去して、義詮が二代将軍になると、京と鎌倉を兄弟で治めることになった。翌年には義詮が南朝攻撃を計画して基氏に協力を求めると、基氏は関東の武士たちに軍勢督促状を発し、関東管領畠山国清《くにきよ》が率いて畿内に遠征させていた。

鎌倉殿である幼い基氏を補佐する関東執事として斯波《しば》氏や畠山《はたけやま》氏を就けたが、次第に上《うえ》杉《すぎ》氏に独占されて関東管領《かんれい》と呼ばれるようになり、以後も関東管領は幕府が任命するが、上杉氏が世襲するようになっていった。

だが、鎌倉殿も代を重ねると、幕府から独立的に振る舞って鎌倉公方を自称するようになり、幕府が任命した鎌倉殿を補佐する関東管領としばしば対立した。

四代鎌倉公方持氏は若年のため、関東管領上杉氏憲《うじのり》（禅秀《ぜんしゅう》）が補佐した。だが、氏憲は鎌倉府の実権を握ろうとする動きを見せたため、持氏と対立して更迭《こうてつ》され、後任には前管領の上杉憲定《のりさだ》の子憲基《のりもと》が就いたため、氏憲は不満を醸成させていった。

応永二十三年十月、氏憲が鎌倉公方屋敷を急襲すると、持氏は憲基の屋敷に逃れた。だが氏憲には姻戚関係にある関東の中小豪族や、四代将軍義持の弟義嗣《よしつぐ》が味方して根が深く、氏憲勢が鎌倉を制圧した。持氏は駿河《するが》に逃れて今川範政《いまがわのりまさ》に庇護された。

幕府は、事態を傍観していたが、持氏が救援を求めると将軍義持は救援軍を派遣したので、翌年には氏憲が自刃し、上杉禅秀の乱は終結した。

その後、持氏は氏憲に味方した佐竹《さたけ》氏などの関東の諸豪族を討伐し、自らの関東支配を強固にしようとした。だが、その豪族たちは、幕府が鎌倉公方を牽制するため、関東や奥羽の親幕府、反鎌倉府の有力国人層と直接に主従関係を結んだ京都扶持衆《きょうとふちしゅう》であった。

鎌倉公方と幕府の緊張関係は高まったが、応永三十一年八月に、幕府は駿河守護の今川範政らに持氏討伐軍を結成させると、持氏は幕府に謝罪使を出したので和解が成立した。

◆籤引きで選ばれた将軍に不満を爆発させた持氏

幕府では、四代将軍義持が義量に将軍職を譲っていたが、応永三十二年には義量が病死し、空位になった将軍職を義持が代行していた。応永三十五年一月に義持が死亡する直前に、義持の四人の弟が籤を引き将軍になることを承認し、義教が六代将軍に就任した。

このとき鎌倉公方持氏は、将軍義持の猶子《ゆうし》になっていたことから、密かに義持から次期将軍に指名されることを期待していた。そのため義教の六代将軍就任には、祝の使者も送らずに不服を示していた。

猶子とは「なお子のごとし」という意味で、家督や財産の相続を目的とはしないことが養子とは違っており、同族間の結束強化に行われたものである。そのため持氏に将軍継承の打診がなかったのは当然であった。持氏は血縁からも義持からは遠いもので、持氏が将軍職を望むことには無理があった。

足利将軍は、全国を統一的に支配しようとしたが、室町幕府の支配力は弱かった。九州は九州探題に治めさせ、関東を鎌倉府に統治させていた。その上に三代将軍義満の時代に、陸奥《むつ》と出羽《でわ》も鎌倉府の管轄に置くことを許していた。

幕府は権威がおよぶ範囲を縮小させて、京の政権を安定させたが、関東の王である鎌倉公方が独走する騒乱が多発する要因になっていた。

持氏の幕府への不満はエスカレートしていき、永享《えいきょう》六年（一四三四）には、鶴岡八幡宮に怨敵呪詛《おんてきじゅそ》の血書願文を奉納していた。さらに嫡子の元服には将軍から名前の一字を拝領する慣例を無視し、義久《よしひさ》と名付けていた。

関東管領の上杉憲実《のりざね》は持氏を宥《なだ》めて、将軍との対立防止に努めていた。だが憲実は持氏から疎《うと》まれて暗殺の噂が流れたので、関東管領を辞して所領の上野《こうずけ》国平井《ひらい》に逃れた。

◆将軍義教は上杉氏を救援し、持氏は自害

永享十年、持氏は憲実追討を決意し「永享の乱」がはじまった。

一方で、将軍に就任した義教は、兄義持の長い治政で失墜した幕府権力の復興と、将軍

親政の復活を目指しており、将軍直属の武官である奉公衆を増設していた。

持氏の造反は、義教には幕府権威を示す好機になった。幕府が後花園《ごはなぞの》天皇から持氏討伐の綸旨を受けたことで持氏は朝敵となり、上杉禅秀の子持房《もちふさ》を大将にした二万五千の官軍を関東に派遣した。

官軍の今川勢は鎌倉方を撃破して足柄山《あしがらやま》を越え、上杉持房も鎌倉方の箱根の陣を破った。平井の上杉憲実も北から鎌倉を目指し、分倍河原《ぶばいがわら》で鎌倉方を破ったが、持氏を討つことをためらって、それより先に軍を進めなかった。

降伏した持氏と義久の父子は、称名寺《しょうみょうじ》で出家して永安寺《えいあんじ》に幽閉された。憲実は、持氏の助命と義久の鎌倉公方就任を嘆願したが許されず、逆に将軍義教から持氏と義久の殺害を命じられた。やむなく憲実は永安寺を攻め、持氏と義久は自害したので、鎌倉公方は断絶したのである。

◆応仁の乱の前に関東で戦国がはじまった

その後、将軍義教が実子を鎌倉公方として下向させようとしたことから、結城氏朝《ゆうきうじとも》が持氏の遺児春王丸《はるおうまる》と安王丸《やすおうまる》を擁して反抗し「結城合戦」になった。関東の武士の多くが結城方に加担したが、嘉吉元年（一四四一）四月に敗北した。鎌倉公方持氏の遺児二人は、幕府軍によって殺害されたが、四歳の永寿王丸《えいじゅおうまる》は京に連行される途中で、将軍義教が殺害される「嘉吉の乱」が起こり、幸運にも生き延びることができた。

永寿王丸が成氏《しげうじ》と名乗るようになると、関東の諸将は成氏を鎌倉公方にと望んだ。これを幕府管領の畠山持国も支持したので、文安《ぶんあん》三年（一四四六）に成氏が鎌倉公方になって鎌倉に帰還した。

ところが幕府は、成氏を補佐する関東管領に、成氏の父持氏を攻め殺した上杉憲実の嫡男憲忠《のりただ》を就任させたため、鎌倉府では持氏方の武将や豪族と、山内《やまのうち》上杉氏と扇谷《おうぎがやつ》上杉氏の両上杉氏とが緊張関係を作っていた。

宝徳《ほうとく》二年（一四五〇）四月に、両上杉氏が鎌倉府の公方御所を急襲した。この報を受けた管領の畠山持国は、引退していた上杉憲実に帰参を命じ、関東の諸将に成氏への忠節を命じて収拾を図った。

だが、享徳《きょうとく》元年（一四五二）に、細川勝元が幕府管領に就任すると、再び関東管領を通じて鎌倉府を支配するようになり、鎌倉公方に対して厳しい姿勢を見せるようになった。

享徳三年十二月に、成氏が関東管領上杉憲忠を御所内で謀殺したことにより、鎌倉公方と両上杉氏が全面戦争になった。幕府は上杉氏の支援に決定し、天皇から成氏追討の綸旨と御旗《みはた》を受けたので、成氏は朝敵となった。

成氏は幕府に対して叛意がないことを主張していたが、幕府は駿河守護の今川憲忠《いまがわのりただ》を上杉氏の援軍として派遣し、鎌倉を制圧させた。

成氏は鎌倉を放棄して、鎌倉公方の所領がある下総《しもうさ》に移り、古河《こが》を本拠にしたので、以後は「古河公方」と呼ばれるようになる。成氏の支配規模は縮小したが、関東の支配に向けて上杉方との戦闘を繰り広げていった。

長禄《ちょうろく》元年（一四五七）に、八代将軍の義政は、成氏への対抗手段として、異母兄で天《てん》龍《りゅうじ》寺の僧である清久《せいきゅう》を還俗させて政知《まさとも》と名乗らせ、鎌倉公方として東下させた。

だが、関東は混乱が続いているために政知は鎌倉に入れず、伊豆の堀越《ほりこし》に留まって御所を置いたので「堀越公方」と呼ばれるようになる。古河公方と、堀越公方を支援する両上杉氏は、関東を二分して戦い、京での応仁の乱に先駆けて、関東で戦国がはじまった。

関東管領山内上杉氏を支える扇谷上杉氏の家宰太田資長《おおたすけなが》（道灌《どうかん》）は、足軽を活用するなどで上杉方を優勢に導いていた。だが、資長の評判が上がると主人の上杉定正《さだまさ》は猜疑心から資長を殺害したので、上杉氏の抗争も加わって関東の乱れは複雑になっていった。

義澄庶子

足利義維《あしかがよしつな》

将軍を約束され畿内を実効支配したが将軍になれず

永正六年（一五〇九）〜天正元年（一五七三）十月八日

◆次々と政権と将軍が変わる混沌の時代の始まり

延徳《えんとく》元年（一四八九）、九代将軍義尚が近江で陣没し、日野富子の推薦により義視の子義材が十代将軍に就任した。ところが幕府管領の細川政元《ほそかわまさもと》は、応仁の乱で西軍に担がれた義視の子が将軍になったことに反対し、堀越公方政知の子で、天龍寺《てんりゅうじ》の僧になっていた清晃《せいこう》を将軍に推していた。

明応《めいおう》二年（一四九三）、将軍義材は応仁の乱後も一族が対立したままの畠山氏の内紛収拾に乗り出し河内《かわち》に出陣した。義材が留守の間に、政元は清晃を擁して「明応の政変」を起こし、義材は将軍職を解任されて幽閉され、清晃は十一代将軍義澄《よしずみ》となった。

義材は警備の兵を殺害して、支持した畠山政長《まさなが》の領国越中《えっちゅう》に逃れた。明応七年に義材は義尹《よしただ》と名を改め、北陸の兵を率いて京を目指したが、細川政元に攻められて敗走し、周防《すおう》国の大内義興《おおうちよしおき》を頼って身を寄せた。

永正《えいしょう》四年（一五〇七）、管領の政元が細川氏の内紛で殺害されると、前将軍の義尹は返り咲きを狙って、周防から大内氏の大軍を率いて上洛した。管領の細川澄元《すみもと》は将軍義澄に和睦を勧めたが義澄は拒否した。幕府重臣たちは前管領細川政元の養子の一人細川高国《たかくに》に調停交渉を命じたところ、高国は義尹と手を結んでしまったので義澄は近江に逃れた。

義澄は将軍職を解任され、義尹は将軍に返り咲いて名を義稙《よしたね》と改めた。永正八年に義澄は細川澄元や赤松義村《あかまつよしむら》の軍勢を率いて入洛を目指すが、決戦直前に病死してしまった。

京では、将軍義稙を支えていた大内義興が領国経営のために周防に帰国すると、義稙は細川高国と争って敗れ、阿波《あわ》国に逃れていった。

政権を握った細川高国は、空席になった将軍の座に義澄の子亀王丸《かめおうまる》を招いた。大永《だいえい》元年（一五二一）には、亀王丸は元服して義晴《よしはる》と名乗り、十一歳で十二代将軍に就任した。

◆五年間待つも将軍になれなかった堺公方・義維

前将軍義澄には義晴のほかに義維《よしつな》（義冬）という子もいて、阿波国守護細川之持《ゆきもち》に養育されていたが、阿波に逃れた十代将軍義稙の養子になっていた。

大永《だいえい》六年に京で細川氏の家臣同士が争うと、これに乗じて細川高国に敗れて阿波に逃れていた細川澄元の子晴元《はるもと》が、家宰の三好元長《みよしもとなが》や四国勢に支援されて京に迫った。晴元は管領細川高国に対抗するため義維を擁し、大永七年に将軍義晴と細川高国を近江に追いやった。義維が阿波から堺《さかい》に入ると、朝廷は征夷大将軍の前段階の従五位下左馬頭《さまのかみ》に任じたので、義維は「堺公方」と呼ばれて畿内政権の頂点に立った。

仮の将軍となった義維は、細川晴元を摂津《せっつ》、山城《やましろ》、丹波《たんば》の守護に任じた。しかし、近江の朽木谷《くつきだに》には現将軍の義晴が存命で、再起する可能性もあったからか、義維に将軍宣下の知らせはなく、義維は五年間の待ちぼうけを食っていた。

享禄《きょうろく》五年（一五三二）には、細川晴元を補佐して敏腕を振るっていた家宰の三好元長が晴元と対立するようになり、元長が自害したので義維は阿波に帰って行った。

たびたび義晴と義維の兄弟を和解させる動きはあったが、両人を担ぐ勢力の思惑から和解は困難だった。だが、天文《てんぶん》三年（一五三四）に和睦は成立し、義晴は一時上洛した。

義維は以後も将軍就任をうかがったが果たせず、子の義栄《よしひで》は三好三人衆に擁されて、永禄《えいろく》十一（一五六八）二月に、摂津富田《とんだ》で十四代将軍に就任した。これは畿内周辺に通達されたが、京では松永久秀《まつながひさひで》と三好三人衆が戦っていたため、上洛できない将軍であった。

細川氏被官

三《み》好《よし》長《なが》慶《よし》

将軍位を争った時代に実質的には天下人であった

大永二年（一五二二）二月十三日～永禄七年（一五六四）七月四日

◆細川氏を支え力を蓄えていった三好氏

室町幕府の管領細川氏の被官である三好《みよし》氏は、鎌倉幕府の御家人で信濃国の小笠原《おがさわら》氏の支族である。承久《じょうきゅう》の乱の後に小笠原長房《ながふさ》が、阿波国守護に任じられて阿波に土着し、三好郡に住して三好氏を名乗るようになった。室町時代に国人化し、阿波守護の細川氏を支えていった。だが、力を持つようになった三好氏と細川氏が抗争することも多かった。

細川晴元《はるもと》は家宰の三好元長《もとなが》に補佐されて、大永《だいえい》七年（一五二七）に足利義維《よしつな》を阿波から招き、次期将軍候補にしたが、義維は将軍になれずに、五年後に阿波に帰って行った。

元長は前管領細川高国《たかくに》を滅ぼすと専横するようになり、晴元は元長を恐れるようになった。享禄《きょうろく》五年（一五三二）には、晴元は一向一揆《いっこういっき》の力で元長を自害に追い込んだ。だが晴元にも一向一揆を抑えられなくなり「享禄《きょうろく》・天文《てんぶん》の乱」になった。

元長の妻と子で十二歳の千熊丸《ちくままる》は、騒乱のために阿波に帰されていたが、千熊丸は細川晴元への恩讐《おんしゅう》を越えて、一向一揆と晴元の和解を斡旋した。千熊丸に才覚があっても幼少のため、千熊丸の周辺の者が奔走したのだろう。

この後に千熊丸は元服して長慶《ながよし》と名乗り、長慶が頭角を現すと主君の晴元は脅威に感じ、側近の三好政長《まさなが》とともに長慶に対抗するようになった。

天文十七年（一五四八）、長慶は前管領細川高国の養子氏綱《うじつな》を擁して反晴元の兵を挙げ、翌年に三好政長を滅ぼすと、晴元は前将軍義晴と十三代将軍義輝《よしてる》父子とともに近江に逃れた。天文十九年に長慶が摂津国を平定すると、約二十年の間京を支配した、細川晴元の政権は崩壊した。

◆実質的な天下人であった長慶

京には将軍も管領もいなくなり、長慶は京での最高実力者となった。前将軍義晴は天文十九年に死去したが、子の義輝と細川晴元は長慶からの和議を拒否していた。天文二十年七月には将軍義輝と晴元が京に迫ったが、長慶の家宰松永久秀《まつながひさひで》が撃退した。

天文二十一年一月に、晴元は出家して氏綱に家督を譲り、長慶が晴元の子昭元《あきもと》を取り立て、将軍義輝が上洛する条件で長慶と和解した。氏綱は十三代将軍義輝の許に出仕し、長慶は義輝の供衆に列したが、幕府の権力を握るのは義輝でも氏綱でもなく長慶であった。

長慶は、山城、大和、摂津など畿内と淡路、讃岐、阿波を制し、周辺国に影響力をおよぼしたので、天下人と言ってもおかしくはない。だが、この時代に天下人を目指したのは織田信長《おだのぶなが》だけだったと思われる。武田信玄《たけだしんげん》や上杉謙信《うえすぎけんしん》、三好長慶も将軍を補佐する地位までは考えても、それに取って代わる発想はなかった。

長慶に織田信長のような非情さはなく、同じ相手と何度も戦いと和睦を繰り返して、決定的に滅ぼすことは少なかった。将軍義輝ともそうで、長慶は義輝と敵対と和解を繰り返していた。永禄《えいろく》元年（一五五八）に、義輝は細川晴元や奉公衆を率いて上洛を目指したが、松永久秀や三好三人衆が軍勢を繰り出すと、和議を申し入れて、影の薄い将軍権威で幕府政治を再開している。

長慶は、三好之康《ゆきやす》、十河一存《そごうかずまさ》、安宅冬康《あたぎふゆやす》の弟たちに支えられていたが、永禄四年に十河一存が、永禄六年に嫡子の義興《よしおき》が二十二歳で死亡すると政務に身が入らなくなり、永禄七年に安宅冬康を謀反の疑いで誅殺すると、その二カ月後の七月に河内飯盛《かわちいいもり》城で四十二年の生涯を閉じた。

天下布武

織田信長《おだのぶなが》

三職推任への回答の前に本能寺で横死した天下人

天文三年（一五三四）五月十二日〜天正十年（一五八二）六月二日

◆着々と天下布武に向かう戦国の風雲児

織田信長《おだのぶなが》は、永禄《えいろく》三年（一五六〇）五月に、駿河の戦国大名今川義元《いまがわよしもと》を桶狭間《おけはざま》の戦いで討ち取ったことで、前途が大きく開けた。

永禄十年には美濃を併合して〝天下布武《てんかふぶ》〟の印を用いるようになり、翌永禄十一年九月七日には、十三代将軍義輝《よしてる》の弟義昭《よしあき》を擁して上洛の軍を起こした。南近江の六角氏を破り、京の三好三人衆の軍勢を駆逐し、九月二十六日に義昭とともに入京した。

十月には義昭が十五代将軍の座に就き、以後の信長は義昭を傀儡として利用していった。元亀《げんき》元年（一五七〇）六月に、織田・徳川《とくがわ》の連合軍は姉川《あねがわ》の合戦で浅井《あざい》・朝倉《あさくら》の連合軍を破り、元亀二年九月には比叡山《ひえいざん》を焼き討ちして着々と支配地を拡大していった。

将軍足利義昭は信長の傀儡にあきたらず、信長と敵対するようになった。信長は元亀四年の槇島城《まきしま》の戦いに勝利して義昭を畿内から追放し、室町幕府は実質的に滅亡した。しかし、足利義昭は征夷大将軍を解官されたわけではなく、信長の勢力圏外では依然として足利将軍としての権威を有していた。

天正《てんしょう》三年（一五七五）に、織田・徳川の連合軍は長篠《ながしの》の戦いで武田勝頼《たけだかつより》に勝利すると、信長は右近衛大将《うこのえたいしょう》に就任し、室町幕府に代わる新政権の構築に乗り出した。翌年には安土《あづち》城《じょう》の築城も開始した。

天正八年、長きにわたった大坂の石山本願寺《いしやまほんがんじ》との石山合戦に決着をつけ、翌年には京都で大規模な馬揃えを行って、その勢威を誇示している。天正十年には、長篠の戦いで壊滅的な打撃を与えていた武田勝頼を滅ぼす甲州《こうしゅう》征伐を行い、武田勝頼を天目山《てんもくざん》で自害に追いやって武田氏を滅亡させ、東国の大名の多くを従属させるようになった。

◆信長を太政大臣、関白、将軍のいずれかにする構想

信長の父織田信秀《のぶひで》は朝廷に献金をして備後守《びんごのかみ》や三河守《みかわのかみ》の官を得ていたが、信長は尾張《おわり》時代には上総介《かずさのすけ》を自称し、桶狭間で今川義元を破った後は尾張守《おわりのかみ》を称していたが、朝廷より任官を受けたものではなかった。

信長は足利義昭を奉じて上洛した後、室町幕府将軍から「天下」を委任されるという形で自らの政権を築いたが、弾正少忠《だんじょうしょうちゅう》や弾正大弼《だんじょうだいひつ》といった比較的低い官に甘んじていた。

信長は高い官位は必要ないという合理的な考えの持ち主であるが、朝廷としては、信長に官位を与えて公家組織に組み込まないことには、自らの権威が失われてしまうため、足利義昭の追放後には信長の官位を急激に上昇させた。

信長は古い権威を嫌ったが、天皇や朝廷に対しては協調的な姿勢を取って利用していた。戦況が不利になるたびに、朝廷に仲介を求めて窮地を脱することも多かった。

信長は、天正二年に参議に任官してから、わずか三年で従二位・右大臣に昇進している。右大臣の任官は武家では源実朝《みなもとのさねとも》以来で、これより上位の官職に任官した武家では太政《だじょう》大臣《だいじん》に平清盛《たいらのきよもり》と足利義満、左大臣には足利義教と足利義政のみだった。

しかし、信長は天正六年四月にすべての官位を返上し、位階を持ちながら官職についていない散位《さんい》となった。信長は四海《しかい》の統一後に登用の勅命に応じたいとしていた。

朝廷では信長の任官が問題になった。朝廷は、天正九年に信長に左大臣への就任を要請したが、信長が正親町《おおぎまち》天皇の譲位を条件としたとされ、結局は実現しなかった。

また、天正十年三月に甲州征伐で甲斐武田氏を滅ぼし、小田原《おだわら》の北条《ほうじょう》氏も実質的に信長に従属したことから、朝廷では信長が関東をも平定したと解釈した。

そこで、朝廷では信長を太政大臣・関白《かんぱく》・征夷大将軍《せいいたいしょうぐん》のいずれかに、信長の望みによって任ずるという「三職推任《さんしょくすいにん》」の構想が持ち上がった。

五月には、武家伝奏《ぶけてんそう》の勧修寺晴豊《かじゅうじはれとよ》が京都所司代村井貞勝《むらいさだかつ》の邸を訪れ、二人の間で信長の任官について話し合いが持たれた。この件について勧修寺晴豊は、日記『晴豊公記』に記している。だが、この話し合いで出た信長への三職推任が、朝廷側からの提案なのか信長側からかは不明である。どちらが提案したかで、信長が朝廷をどのように扱おうとしていたかを知るには重大なものになる。

すでに信長は政権を立てており、朝廷の一員となって政権を樹立する必要はなかった。朝廷はすでに政治に関わるという発想は放棄しているが、信長を朝廷の権威の中に取り込むためにも、信長に官位を受けてもらわねばならず、政権を樹立できる三職を選んだと思われる。従って三職推任は朝廷側からの提案とするのが妥当だろう。

信長が三職推任に回答しておれば問題はなかったのだが、信長が正式に返答をする前に明智光秀《あけちみつひで》による本能寺《ほんのうじ》の変が起こり、信長自身が死去してしまった。

信長がどのような朝廷の構想を持っていたのかは、永遠の謎となってしまった。

義昭嫡子

足《あし》利《かが》義《ぎ》尋《じん》

父義昭から信長へ人質に出され将軍になる構想も

元亀三年（一五七二）八月十五日～慶長十年（一六〇五）十月十七日

◆将軍義昭と織田信長の対立

永禄十一年（一五六八）九月、足利義昭《あしかがよしあき》は織田信長に擁されて上洛し、室町幕府第十五代将軍に就任した。

当初は数歳しか違わない信長を「御父《おんちち》」として、将軍に就けてくれたことに、歯の浮くような感謝をしていたが、信長に義昭を傀儡将軍にしようとする魂胆が見えると、次第に信長と対立するようになっていった。

元亀《げんき》三年（一五七二）九月に、義昭は信長から十七条の意見書が突きつけられ、両者の対立は決定的になる。『信長公記《しんちょうこうき》』によれば、この時期には義昭はすでに信長に反抗する意思を持っていたことは明らかだったとしている。

義昭は浅井長政《あざいながまさ》や朝倉義景《あさくらよしかげ》、石山本願寺《いしやまほんがんじ》などを扇動して信長包囲網を作り、元亀三年十月には、武田信玄《たけだしんげん》がこれに加わって西上の行動を開始した。だが、信玄の体調が悪化し翌年一月頃には行動を停止している。

元亀四年三月、足利義昭は松永久秀《まつながひさひで》や三好義継《みよしよしつぐ》、三好三人衆らと結んで挙兵し、公然と信長と戦う姿勢を見せ、奉公衆五千人の軍勢と摂津衆や丹波衆を二条城に引き入れて立て籠もった。

戦いが始まると感じた上京や下京の市民は、家財を引き、女性や老人は子の手を引いて都の近くの村落に逃れ、行くあてのない者は泣きながら市中を彷徨《さまよ》ったという。

信長は、征夷大将軍である義昭を討つという行為に対する世評を考慮し、義昭のもとへ、かつて義昭に仕えた明智光秀と細川藤孝《ほそかわふじたか》を使者として送り、義昭が娘を人質に出すことを条件に和睦しようとしたが、義昭はこれを拒否した。

信長は和睦交渉を続けながら、幕府や幕臣を支持する商人などが多く住まう上京と、一般市民が居住する下京への焼き討ちを命じた。驚愕した上京の町衆は銀千五百枚、下京では銀八百枚を信長に差し出して焼き討ち中止を懇願した。

信長は下京の銀を受け取らず、下京の焼き討ちは中止したが、上京は許さなかった。これを見た義昭は「同所（上京）で聞いた恐怖なり、不断の喚声に圧倒された彼らの驚愕は非常なもの」として、信長との和平交渉が開始した。

さらに信長は二条城の周囲に四つの砦を築くと、正親町《おおぎまち》天皇から和睦の勅命が出され、信長と義昭はこれを受け入れて和睦した。

四月には武田信玄が信濃《しなの》の駒場《こまんば》で病死していた。信玄の死は伏せられたが、武田軍は本国の甲斐に退却し、信長包囲網の一画が崩れていた。

◆信長へ人質に出された義尋

信長は、義昭が再び挙兵するに違いないと予想していた。その時には琵琶湖《びわこ》を利用して大軍を早急に輸送するため、佐和山《さわやま》に滞在して大船の建造をはじめていた。

天正元年（一五七三）七月、義昭は信長の予想通りに勅命を破棄して再度挙兵した。二条城には細川藤孝の異母兄三淵藤英《みつぶちふじひで》を主将に、伊勢貞興《いせさだおき》、日野輝資《ひのてるすけ》などの将軍に従属する武家昵近衆《じっきんしゅう》を入れて守らせ、自らは幕府奉公衆真木島昭光《まきしまあきみつ》を頼って槇島《まきしま》城に立て籠もった。

信長は大船で琵琶湖を渡って明智光秀の坂本《さかもと》城に入り、京の妙覚寺《みょうかくじ》に布陣して二条城を包囲した。二条城の義昭方では、武将や公家衆の多くが城から逃走してしまい、藤英のみが立て籠もっていた。だが藤英も柴田勝家《しばたかついえ》の説得を受け入れて、二条城を開城した。

続いて信長は槇島城へ軍を進めた。眼前を流れる宇治川《うじがわ》の水量はかなりのもので、信長方の武将たちは渡河を尻込みした。だが、信長は自らが先陣を切ると言ったので武将たちも腹をくくり、二手に分かれて河を渡って城を包囲した。

七月十八日、城は壁を破られて放火され、義昭は子の義尋《ぎじん》を人質に差し出して降伏した。義尋は庶子だが、義昭には正室がいないので嫡子とされ、義昭の後継者として養育されていた。信長は義昭に代わって義尋を将軍に擁立し、傀儡とする構想を持っていたとされるが、朝廷は信長が強大化するのを嫌い、義尋の将軍就任を拒否したともされている。しかし、義尋はまだ一歳の幼児でしかないのである。

義昭は中国地方の毛利《もうり》氏を頼ることになり、安国寺恵瓊《あんこくじえけい》が義昭を引き取りにきた。組織としての室町幕府は事実上消滅したが、義昭は征夷大将軍を辞したわけではなかった。信長も、義尋に足利将軍家を存続させても、紛争のみが起こるばかりと考えたのだろう。やがて義尋を僧にした。後に義尋は大乗院門跡《だいじょういんもんぜき》から興福寺《こうふくじ》の大僧正にまでなるが、その後に還俗して足利高山《あしかがたかやま》と号して、二人の子をもうけたという。

義尋にとっては、武家の棟梁になっても傀儡として権力者に利用され、権謀を巡らせて生きねばならないよりも、穏やかな人生であったのではないだろうか。

武家関白

豊臣秀吉《とよとみひでよし》

将軍よりも関白の権威を利用して天下統一を果たす

天文六年（一五三七）二月六日〜慶長三年（一五九八）八月十八日

◆藤原氏の猶子になり武家関白制を築いた秀吉

織田信長の家来羽柴秀吉《はしばひでよし》は、尾張国の中村郷の下層民の家に生まれたとされるが、能力主義の織田軍団で、大きく飛躍することができた一人である。

信長が支配地を拡大していくにつれて、秀吉も織田軍団の中で有力武将となり、天正五年（一五七七）には、信長から毛利《もうり》氏の勢力下にある中国地方攻略を命ぜられた。天正八年には反旗を翻した播磨《はりま》国三木《みき》の別所長治《べっしょながはる》を降し、天正九年には鳥取《とっとり》城を陥落させた。

天正十年には備中《びっちゅう》国に侵攻し、毛利方の清水宗治《しみずむねはる》が守る備中高松《たかまつ》城を包囲して水攻めにした。宗春を救援するために毛利輝元《てるもと》、吉川元春《きっかわもとはる》、小早川隆景《こばやかわたかかげ》らが駆けつけて対峙《たいじ》したので、秀吉は信長に援軍を要請した。

信長は秀吉への援軍を率いて向かうため、京都の本能寺に滞在したところを、明智光秀に襲われて自害した。秀吉は事件を知ると、すぐさま毛利輝元と講和し、中国大返《おおがえ》しで早急に軍を畿内に返し、山崎《やまざき》の戦いで明智光秀を打ち破り、天下人へと邁進していった。

秀吉は自らの政権を構想して、朝廷とは良好な関係を結んでおり、天正十二年の小牧《こまき》・長久手《ながくて》の戦いの最中の十月に、従五位下左近衛権少将に叙位任官されている。

十一月、秀吉は従三位権大納言に叙任されて公卿となった。この際、征夷大将軍の兼任を勧められたがこれを断ったとされている。

秀吉は征夷大将軍を望み、毛利氏を頼って備後《びんご》の鞆《とも》にいる名目だけの十五代将軍義昭に、猶子《ゆうし》にしてくれることを求めたとされる。だが義昭は、下層民出身の秀吉に将軍職を譲るのを拒否したためになれなかったとされるが、現状からは秀吉が征夷大将軍を望めばなれたのである。

また、征夷大将軍は源氏しかなれないとされるが、織田信長は平氏を称していたが、朝廷から三職推任を打診され、征夷大将軍になる可能性もあった。足利義昭は豊臣政権が確立すると将軍職を辞している。

天正十三年三月、秀吉は正二位内大臣に叙任され、七月の四国討伐の最中に、前関白《さきのかんぱく》である近衛前久《このえさきひさ》の猶子となった。それまでは信長のように平氏を称していたが、藤原氏になって関白太政大臣となった。

やがて天下を統一して武家の棟梁にもなった秀吉は、朝廷と武家の両方のトップに立つ武家関白制を作り上げた。さらに正親町天皇から、源平藤橘《げんぺいとうきつ》の既存の氏の他に豊臣姓《とよとみせい》を下賜され、秀吉は天正十四年から氏《うじ》を「豊臣」と改めた。

◆将軍秀忠より地位が高かった子の秀頼

慶長三年（一五九八）五月、豊臣秀吉は病に倒れた。後継者の秀頼《ひでより》はまだ六歳で、秀吉は巨大な勢力を持つ徳川家康《とくがわいえやす》の存在に、豊臣氏の将来に不安を持ちながら死去した。

朝廷では秀頼の誕生以来、秀頼を摂家である豊臣氏の後継者と見なしていた。慶長五年九月の関ヶ原《せきがはら》の戦い後は徳川家康に権力が移ったが、朝廷内での秀頼の位置づけは生前の秀吉同様の礼遇をされて、関白になり得る存在として変わらなかった。

秀頼は徳川氏と対等性を維持し、秀頼の家臣は徳川将軍の直参と同等とされていた。その後も秀頼は順調に昇進し、慶長七年四月には従二位に叙され、権中納言に任じられた。中将から参議を経ずに中納言に任じられたのは、豊臣家が摂関家であることを明示している証《あかし》であった。朝廷も豊臣政権の復権を望んでいたのであろう。

慶長八年に徳川家康が右大臣に昇進したことで、欠員になった内大臣に秀頼が任じられ、慶長十年に家康が右大臣を辞任したことで右大臣になり、秀頼の後任の内大臣には家康の嫡子秀忠《ひでただ》が就任した。朝廷での地位は、家康が秀頼より一歩先をいったが、秀忠は秀頼の下位にいたのである。

このことから豊臣氏は、やがて家康から政権を戻されるものと思ったようだ。だが家康は、慶長十年に秀忠に将軍職を譲り、豊臣氏の期待を断ち切った。

慶長十六年三月、秀頼は「正室千姫の祖父に挨拶する」という名目で上洛し、家康と京都二条城で会見した。この会見は秀頼が家康への臣従を意味するとされたり、秀頼が家康との対等性を維持したと見られたりと見解が分かれている。だが、家康は秀頼の並外れた体躯を見て、豊臣家を滅亡させる決意をしたとされる。

高齢の家康は、強引に豊臣氏との戦いに持ち込んだ。豊臣方が家康からの難題を上手くいなして家康の死を待てば、秀頼対秀忠の対決では豊臣氏恩顧の大名もいることから、徳川政権を転覆できないまでも、徳川氏にある程度の主張を受け容れさせることができたかもしれない。

だが、家康に運があったようで、豊臣氏を滅亡させた翌年に死去している。

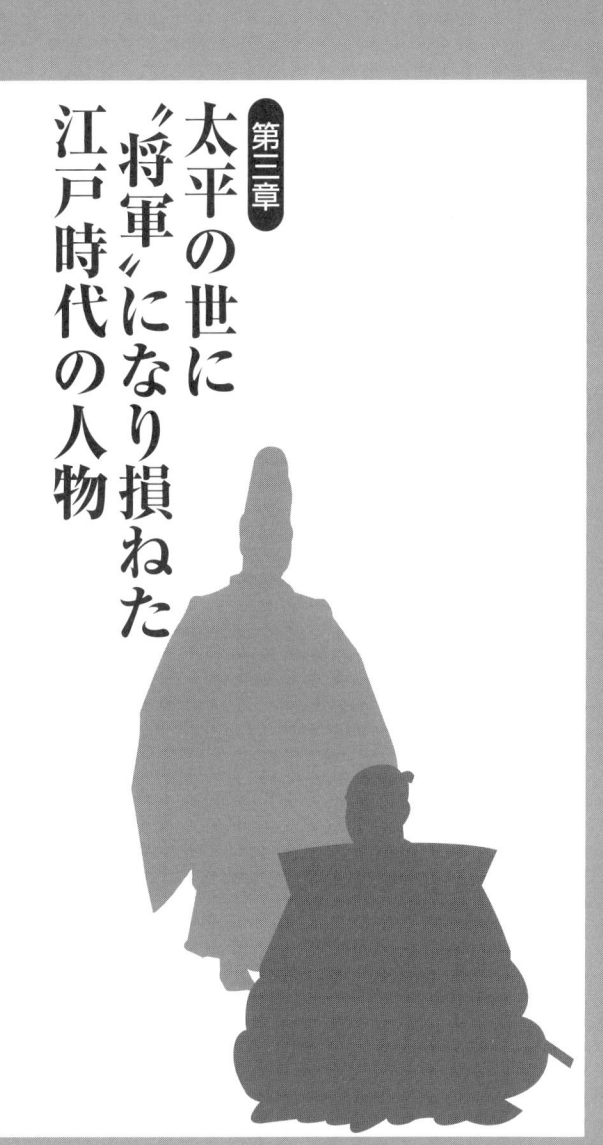

第二章

太平の世に〝将軍〟になり損ねた江戸時代の人物

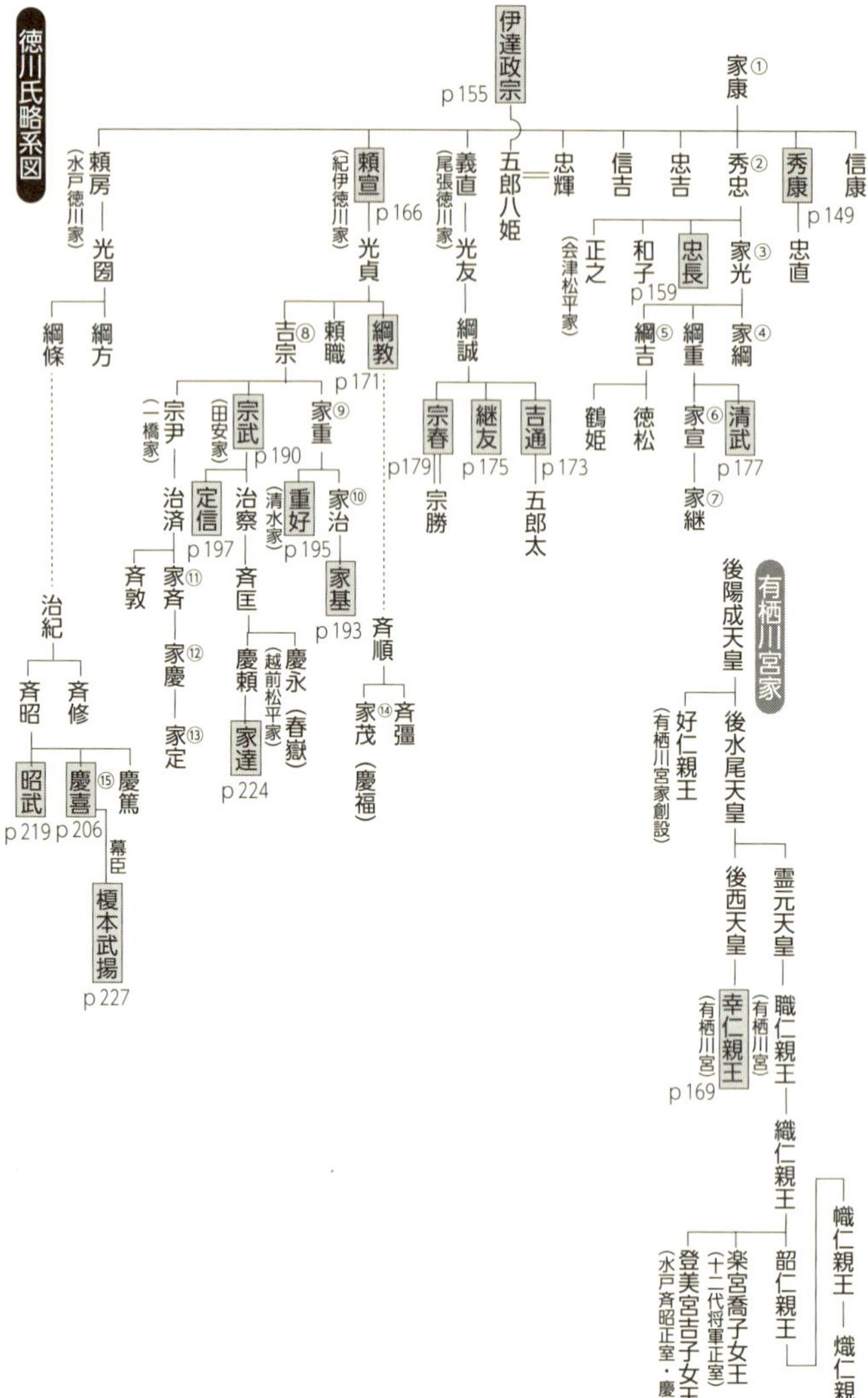

○内の数字は江戸幕府将軍の就任順位を表す

家康次男

結城秀康《ゆうきひでやす》

秀吉の養子に出され将軍になれなかった家康次男

天正二年(一五七四)二月八日～慶長十二年(一六〇七)閏四月八日

◆父家康から疎まれた秀康の幼少時代

結城秀康《ゆうきひでやす》は徳川家康の次男として生まれ、母は三河国池鯉鮒《ちりふ》明神(知立《ちりゅう》神社)の社家永見《ながみ》氏の娘のお万《まん》の方(小督局)である。家康の正室築山殿《つきやまどの》の侍女であったともされ、家康は嫉妬深い築山殿を憚《はばか》ってお万の方を本多重次《ほんだしげつぐ》に預け、浜松の代官屋敷で出産させた。

幼児の秀康の風貌《ふうぼう》は、ナマズの仲間であるギギに似て醜かったとされ、幼名を於義伊《おぎい》とか於義丸《おぎまる》とされたという。また当時は忌み嫌われた双子であったためか、家康はこの次男を疎んじていたという。双子のもう一人の子は知立神社神主を継承した永見貞愛《さだちか》である。

この子が父の家康と初めて対面したのは三歳になってからで、それも冷遇された弟を不憫に思った家康の嫡男信康《のぶやす》の計らいによって実現したものだった。

しかし、その兄信康を思いがけない運命が襲った。天正七年(一五七九)に、家康と同同盟を結んでいた織田信長から、母である築山殿ともども甲斐武田家に内通しているとの嫌疑をかけられ、築山殿は斬殺、信康は切腹させられたのだ。

『三河物語《みかわものがたり》』によると、信康の妻は織田信長《おだのぶなが》の娘徳姫《とくひめ》で、信長と敵対する今川《いまがわ》の血を引く信康の母築山殿と徳姫は折り合いが悪く、信康とも不和になっていたとしている。

家康の重臣酒井忠次《さかいただつぐ》が信長への使者として赴く際に、信康と不仲であることや、築山殿が武田勝頼《たけだかつより》と内通しているという手紙を託した。信長は使者の忠次にこれを糺《ただ》したが、忠次は信康をまったく庇《かば》わず、すべてを事実と認めたという。

この時点で於義丸は、家康の後継者となる立場であったが、家康は於義丸を世子とせず、三男長松《ちょうまつ》（秀忠《ひでただ》）を後継とした。

三年後の天正十年に武田氏が滅び、織田信長の天下布武がいよいよ見えはじめたが、信長は京の本能寺《ほんのうじ》で明智光秀《あけちみつひで》に襲われて横死した。この時の家康は、甲州攻めの戦勝祝いに安土を訪れて堺見物をしていたが、必死の伊賀《いが》越えで三河岡崎《おかざき》城へ帰還した。

中国攻めで毛利氏と対していた羽柴秀吉《はしばひでよし》が、中国大返しを決行して山崎の合戦で明智光秀を討った。その後の秀吉は、賤《しず》ヶ岳《たけ》の合戦で織田家重臣柴田勝家《しばたかついえ》を倒し、信長の後継者としてのし上がっていった。

天正十二年三月には、秀吉と信長次男信雄《のぶかつ》の関係が険悪になり、家康は信雄に加担して秀吉軍と対峙し、小牧《こまき》・長久手《ながくて》で両軍が衝突した。この戦いで豊臣方の損害は徳川方を大きく上回ったため、秀吉は家康と和睦したが、その際に秀吉が講和の条件としたのが家康の息子を養子に差し出すようにということだった。

これは実質的には人質だったが、家康はその条件を呑んで於義丸を秀吉のもとに送ったのである。

◆関ヶ原合戦後、秀吉養子から徳川一門に復する

秀吉は於義丸を愛情をもって対し、元服には実父と養父から一字ずつを受けて秀康を名乗らせ、四位の少将兼三河守に任じた。

秀康は、天正十五年には十四歳で九州征伐で初陣を飾った。難攻不落とされた豊後《ぶんご》国岩《いわ》石《いし》城攻めで先鋒をつとめ、日向《ひゅうが》国平定戦でも抜群の戦績を収めている。その後も小田原《おだわら》攻略戦や朝鮮半島に外征した文禄《ぶんろく》・慶長《けいちょう》の役にも参加。天正十六年には豊臣姓を賜り、豊臣三河守秀康を名乗った。

実父から冷遇されて幼少時を送ってきた秀康は、有り余る血気を発散した活躍で、自身

の存在を認められる華々しい時代であった。しかしこの時期に大坂の遊郭で遊び、梅毒《ばいどく》に罹患して鼻が変形した。後に「鼻欠け大将」「木鼻の大将」とされたのである。

そんな秀康に再び運命の転換が訪れた。天正十七年に秀吉に実子の鶴松《つるまつ》が生まれ、生後四カ月で後継者とされると、他の養子たちと同様に他家の養子に出されたのである。秀康は関東下総《しもうさ》の名族結城晴朝《ゆうきはるとも》の姪《めい》と結婚し、結城家の家督と結城領十一万一千石を継ぎ、羽柴結城少将と呼ばれるようになった。

だが、天下人秀吉が、慶長三年（一五九八）に死去すると、天下を狙う秀康の実父徳川家康と豊臣家の奉行石田三成《いしだみつなり》との対立があからさまになった。慶長五年、家康は会津《あいづ》の上杉景勝《うえすぎかげかつ》の動きが不穏として、会津攻めに諸大名を招集すると秀康もこれに加わった。

上杉討伐軍が関東に向かうと、大坂の石田三成が挙兵したとの報が届いた。家康は下野《しもつけ》国小山《おやま》で軍議を開いて諸大名の動向を探り、三成討伐の先遣部隊を関西に向けて発した。

秀康は家康から、宇都宮《うつのみや》に留まって上杉勢や三成に与《くみ》する常陸《ひたち》の佐竹《さたけ》勢を抑える役目を与えられた。秀康はこの功によって関ヶ原合戦後に、家康から越前北ノ庄《えちぜんきたのしょう》で六十八万石を与えられた。慶長九年には松平姓に復し、翌慶長十年には権中納言の官位が与えられた。

◆秀康の不満を受け継いだ子の忠直

関ヶ原合戦後の慶長十年に弟の秀忠が二代将軍になると、秀康は家康側近の本多正信《ほんだまさのぶ》に「兄信康の亡き後、われこそ徳川家の惣領《そうりょう》であるのに、秀忠が家督を継いだのはなぜか」と詰め寄った。正信は秀康が秀吉の養子になったことを理由にすると「それでは、大坂に何かあれば、自分は豊臣家の者として、弟の秀頼を扶《たす》けよう」と言い放ったという。

秀康が養子に出されなければ二代将軍の可能性もあっただろう。だが、年長の子を人質に差し出すのは戦国の倣《なら》いである。

その後、秀康は慶長十一年に伏見城の留守居を命じられた。だが、秀康はその前から病を得ており、それを辞して慶長十二年に越前に帰国している。閏四月に死去したが、まだ三十四歳であった。

嫡子の忠直《ただなお》が秀康の遺領を受け継いだ。だが父が持った幕府への不満も受け継いだのである。大坂冬の陣での越前勢は、真田信繁《さなだのぶしげ》（幸村《ゆきむら》）の真田丸に取り付いたが散々な損害を出していた。翌年の夏の陣では、苦渋を飲まされた真田信繁が陣した茶臼山《ちゃうすやま》を正面から攻め、信繁の首を挙げ、大坂城への一番乗りも果たした。

忠直は家康と秀忠から二条城に招かれて、越前勢の働きを絶賛され「子孫の末にいたるまで、粗略には扱うまい、恩賞は追って沙汰する」として、初花《はつはな》の茶入れと定宗《さだむね》の脇差を与えられた。祖父の家康は父秀康が病に倒れた時にも「百万石にする」としていたが実行されず、今回も忠直に何の沙汰もなく、家康が死んだときの形見分けでは、太刀一振りと銀五十枚を受けただけであった。忠直は家康と秀忠から褒められた時に、有頂天になったことで、大いに自尊心を傷つけられたと感じ、家臣に対して面目を失ったとした。

忠直の実弟忠昌《ただまさ》は重ねて加増を受け、越後高田で二十四万石を受けており、大きく見れば、秀康の一門は報われていたとも言える。だが忠直は、次第に酒色に溺れていった。

一説には、忠直は美女の一国《いっこく》を寵愛し、彼女の機嫌を取るために領民を残忍な方法で殺害したとされるが、後の創作だろう。しかし忠直は、参勤の途中に引き返すなど、幕府に反抗的な態度を見せており、将軍秀忠は忠直を豊後国の小大名竹中重義《たけなかしげよし》に預けるとした。

生母の説得を受けた忠直は、素直に配所に向かい、穏やかな余生を過ごしたという。

兄がありながら将軍になった秀忠は、秀康に対する遠慮があったようだ。忠直の子仙千代《せんちよ》（光長《みつなが》）に越前六十八万石を安堵した。家光が将軍になると、北陸の要地を若年の者に委ねるのは不安として、光長を越後高田二十四万石に移封し、忠昌が五十万石で越前に入った。忠直の弟たちも大名になり、後に秀康一門の領地総計は百六十万石になっている。

仙台藩主

伊達政宗《だてまさむね》

天下を狙うも地の利はなく生まれたのが遅かった

永禄十年(一五六七)八月三日~寛永十三年(一六三六)五月二十四日

◆伊達氏の期待を担った政宗の名

伊達《だて》氏は藤原北家の分流とされ、源頼朝の奥州合戦で戦功を挙げ、陸奥国伊達郡を与えられ、伊達氏を名乗るようになる。

室町時代に奥州は鎌倉府の管轄であったが、幕府と鎌倉府の対立が深まると、幕府の京都扶持衆になり、関東での擾乱《じょうらん》では幕府方で行動し、幕府から奥州守護に任じられた。

羽州探題の最上《もがみ》氏も勢力下に置いたが、十四代当主の稙宗《たねむね》の専制に不満を持った家臣により内紛が起こり、長引いた戦いに疲弊し勢力下の大名の独立を許していた。

十六代輝宗《てるむね》の嫡子梵天丸《ぼんてんまる》は出羽国米沢《よねざわ》城で生まれ、天正五年(一五七七)に元服して政《まさ》宗《むね》を名乗るようになった。この政宗の名は、伊達家中興の祖とされる九代政宗にあやかったもので、伊達氏が期待を込めたものであった。

政宗は、天正十二年に父輝宗から家督を相続し、伊達家十七代当主になった。奥羽地方は会津《あいづ》の蘆名《あしな》、常陸の佐竹、三春《みはる》の田村、二本松《にほんまつ》の畠山、中村の相馬《そうま》などが割拠していたが、それぞれが姻戚関係を結んでいたとはいえ、油断はならなかった。

◆奥州最大の大名になるも天下の情勢は決まっていた

政宗は安達郡本宮《もとみや》の人取橋《ひととりばし》で佐竹氏と蘆名氏ら南奥諸大名の連合軍と戦うなど、四囲に向かって転戦していたが、畿内では織田信長が、天正元年に越前の朝倉《あさくら》氏、北近江の浅井《あざい》氏を滅ぼし、天正三年には長篠《ながしの》の戦いで武田勝頼《たけだかつより》を壊滅的に打ち破っていた。その信長も天正十年には家臣の明智光秀《あけちみつひで》の奇襲を受けて自害していた。政宗が伊達家の当主になった天正十二年には羽柴秀吉《はしばひでよし》と徳川家康《とくがわいえやす》が小牧《こまき》・長久手《ながくて》で戦っていた時期である。

政宗は天下を目指していたと思われるが、あまりにも中央へは遠く、生まれてくるのが遅すぎた。すでに天下の情勢は決していた。

天下統一を目指す豊臣秀吉《とよとみ》は、天正十五年に関東と奥羽の諸大名に私戦を禁ずる惣無事《そうぶじ》令《れい》を発した。政宗は秀吉に恭順を示したが戦いを続け、天正十七年には摺上原《すりあげはら》の戦いで蘆名氏を滅ぼし、奥州最大の大名になった。だが、佐竹や相馬との対立を抱えていた。

秀吉は天正十八年に反抗する小田原の北条氏を、陸海から大軍で包囲した。勝利を確信する秀吉は、この後に奥羽に遠征して平定する予定であった。

政宗は、巨大な秀吉の動員兵力から抵抗を諦め、五月には会津を発ち、越後・甲斐を経て小田原に入った。秀吉は手にした杖で政宗の首を指し「もう少し遅れたら危なかったな」と言ったという。秀吉は会津を没収したが、陸奥と出羽のうちで七十二万石を安堵した。

天正十九年に政宗は、葛西《かさい》・大崎一揆を会津の新領主蒲生秀郷《がもううじさと》とともに平定したが、政宗が一揆を煽動したことが露見した。政宗は上洛しての弁明が許されたが、所領は五十八万石に減じられた。政宗は文禄《ぶんろく》の役に従軍して朝鮮に出兵し、兵たちに秀吉好みの絢爛な軍装をさせて目を引いていた。以後は洒落た身なりを伊達者とされるようになった。

慶長五年（一六〇〇）の関ヶ原の戦いでは、政宗は西軍の上杉方と戦った。本戦で徳川方が勝利した後も南部領内の一揆を煽動していた。これは不問に付されたが、政宗の東軍での功は認められず、六十二万石になった程度だった。

◆娘婿忠輝に天下取りを期待した政宗

慶長十一年に、徳川家康の六男忠輝《ただてる》と政宗長女の五郎八《いろは》姫が結婚した。家康は誕生した忠輝を「恐ろしい面魂《つらだましい》」と素直に喜ばなかった。だが家康は忠輝を無視したわけではなく、慶長十五年に本来の川中島領に加えて越後高田三十万石を与え、四十五万石としていた。

忠輝は戦国の武将らしく剛毅な性格だが、大坂冬の陣で命じられた留守居が不満で、高田から江戸に向かわなかった。岳父政宗の説得で命令に従ったが、幕府から不審視された。翌年の大坂夏の陣では大和《やまと》から大坂に向かう軍勢の大将になった。このとき、忠輝の軍勢を騎馬のままで追い越した秀忠の旗本を討ち果たしていた。軍法では忠輝の処置は正しいとされるが秀忠は激怒し、家康は将軍の意見を優先して忠輝を許さないままに死去した。

大坂夏の陣では、政宗は道明寺《どうみょうじ》の戦いで後藤基次《ごとうもとつぐ》隊を壊滅させたが、友軍である水野《みずの》勝成《かつなり》の協力要請を拒否し、天王寺《てんのうじ》の戦いでは水野勝成隊の三百人を味方討ちしていた。これも政宗の言い分が通って不問にされている。だが、大坂方の真田信繁《さなだのぶしげ》（幸村《ゆきむら》）の次男守《もり》信《のぶ》や長宗我部盛親《ちょうそかべもりちか》の姉妹や甥を召し抱えていた。政宗は正面から反幕府の行動を取っていないが、常に幕府の最重要注意人物で、天下人になれない不満を表していたのだろう。

政宗はイスパニアと通じ、その海軍力を利用し天下取りを画策したとされ、政宗に感化された忠輝はキリスト教と親しかった。そのことが原因で、忠輝は、元和《げんな》二年（一六一六）に、家康の遺命として改易になっているが、政宗の被害者だったのかもしれない。

秀忠次男

徳《とく》川《がわ》忠《ただ》長《なが》

両親の溺愛を受け次期将軍とされるも乱行で自滅

慶長十一年（一六〇六）五月七日～寛永十年（一六三四）十二月六日

◆次期将軍と期待された幼少時代

二代将軍秀忠の正室は、織田信長の妹お市《いち》を母に持つ小督《おごう》である。お市の長女茶々《ちゃちゃ》は豊臣秀吉の側室になって〝淀殿《よどどの》〟と呼ばれ、次女は京極高次《きょうごくたかつぐ》の室となったお初《はつ》である。

小督は、はじめ知多《ちた》半島に領地を持つ佐治一成《さじかずしげ》に嫁いで二人の娘をもうけたが、秀吉の命によって離婚させられ、秀吉の養子秀勝《ひでかつ》へ再嫁した。秀勝が朝鮮出兵の陣で病死すると、三人目の夫として徳川家康の嗣子秀忠があてがわれた。

慶長《けいちょう》二年（一五九七）、秀忠とお江与《えよ》と呼ばれる小督の間に長女千姫《せんひめ》が生まれた。家康は生前の秀吉との約束を守って、千姫は七歳で秀頼の室とされ、大坂城に入った。

慶長九年にお江与は次男の男子を出産し、家康の幼名竹千代《たけちよ》と名付けられている。長男の長丸《ちょうまる》は早世しており、慶長十一年には三男が誕生し、国松《くにまつ》と名付けられた。

嫡男竹千代は生来体が弱い上にひどい人見知りで、何かあるとすぐに乳母のお福《ふく》（春日局）の後ろに隠れてしまうような子であった。一方、国松は利発で物言いも明瞭、動きも活発で才気にあふれていた。国松は秀忠とお江与の手許で育てられて溺愛された。

幕臣たちは、秀忠夫妻が国松を溺愛するのを見て、次期将軍家は竹千代ではなく国松がなるものと推測し、竹千代を無視するようになっていった。『春日略記』によれば、弟を溺愛する両親を見た竹千代は、行く末を悲観して自害しようとしたが、乳母のお福が励ましたという。

大名家の乳母は、育児に大きく関わり、幼児には実母よりも母らしい存在になる。

お福の父は、明智光秀の重臣斎藤利三《さいとうとしみつ》で、お江与にすれば伯父の織田信長を本能寺に襲って自害させた光秀の股肱《ここう》の臣で、いわば仇の片割れである。そのような女に育てられた竹千代も、快く思えなかったようだ。

お福は、この状況を宿老の土井利勝《どいとしかつ》に訴えた。利勝はお福の訴えに納得し、「長幼の序」を違えれば、それが先例となって徳川家にお家騒動が続発するようになる。家の安泰のためには、子の出来不出来は取るに足りないとして、お福に協力していった。

◆お福の直訴で兄が将軍後継に決定

やがて、お福は江戸を抜け出して駿府《すんぷ》に急行し、大御所家康に直訴した。

家康はお江与に「大名の惣領は格別の者で、次男より下の子は召使い同様に心得るように常に申し聞かせ、幼少の時より父兄を主人と心得るように、くれぐれも申し聞かせるように。惣領より次男の威勢が強いのは、家が乱れる本である」という訓戒状を送り、賢明か暗愚かは問題ではなく、要は一家の秩序であるとした。

あるとき家康が江戸に立ち寄った。家康は秀忠や重臣らが居並ぶ中で、竹千代を手招きして菓子を与え、人なつっこく祖父に近づこうとした国松を叱り、国松には菓子を投げ与えたという。これによって秀忠とお江与、家臣たちまでもが竹千代が次期将軍であると知ったのである。

忠長の素質が優れていることは家康も知っていただろう。しかし家康は、儒教を政治の柱として「長幼の序」を重んじ、「忠長は家光の下の立場である」ことを明確に示した。

それでも、お江与の国松への愛情が衰えることはなかった。お江与は国松が城内の池で遊ぶ鴨を鉄砲で射止めたことを喜び、鴨を料理して秀忠に勧め、国松を褒め称えた。ところが温厚な秀忠だが「大御所から頂戴し、竹千代に譲るべきこの城で、弟の分際で兄の城に鉄砲を放つとは、以ての外のことだ」と言い、鴨を口から吐き出して荒々しく座を立ってしまった。

将軍への望みが絶たれた国松だが、元和《げんな》三年（一六一七）の十二歳のときに、信州小諸《こもろ》で十万石を賜った。翌年には甲斐一国も与えられ、間もなく竹千代と国松は同時に元服し、竹千代は家光《いえみつ》と名乗り、国松も忠長《ただなが》と名を改めて甲府宰相《こうふさいしょう》と呼ばれた。

秀忠の忠長への愛情はなくなったものではなく、忠長に「いつも兄より先に物を申すが、はなはだ宜《よろ》しからぬことだ。さように出過ぎては、行く行く兄に憎まれるであろう」と、何回となく訓戒したという。

当時は、徳川家でも兄の秀康を差し置いて弟の秀忠が家を継ぎ、長子の相続制は必ずしも確立していなかったが、これ以降には長子に絶対的な相続権が確立した。

◆駿河大納言となってからの不行跡

忠長は軽んじられたわけではなく、寛永《かんえい》元年（一六二四）には、駿河《するが》と遠江《とおとうみ》両国で五十五万石を領し、寛永三年には従二位、権大納言に昇進し、駿河大納言と呼ばれた。徳川家にとって「創業の地」といってもいい駿河を与えられたことは、現代でいえば最重要支社の支社長である。それで納得していれば、後の悲劇も防げたはずだ。

寛永三年九月、忠長を寵愛した母のお江与が亡くなってしまった。この時、叙任のために京にいた忠長は、母の病状悪化の急報を受けて急ぎ江戸に駆けつけたが間に合わなかった。以後は母の死を悲しむあまり酒に溺れ、奇矯《ききょう》な振る舞いが増えていったという。

駿河は隠居した家康が治めるなど、徳川家に重要な地で、東海道の要衝でもある。東海道を上下する諸大名は、将軍の弟を疎《おろそ》かにできず、駿府城の忠長に伺候《しこう》してご機嫌を伺い、忠長の許しがあるまでは駿府城下に留まらねばならなかった。これを幕府は、将軍が二人いるように見えると懸念し、忠長の言動に神経を尖らせるようになった。

『古今史譚《ここんしたん》』には、忠長は大御所の秀忠に「百万石を賜るか、大坂城をいただきたい」と書面で嘆願したとあり、秀忠はこれを無視して返事を出さなかったという。

駿河の浅間神社《せんげんじんじゃ》の裏山には猿が多く棲み、田畑を荒らして領民を困らせていたが、殺生禁断の地であるため、誰も猿を捕らえようとしなかった。だが、忠長は「余の領地の猿を狩るに、何の咎めがある」として、千二百頭の猿を射殺した。

この時から、忠長に狂気の様子が現れたとする。野猿退治の帰途に、忠長の乗る輿《こし》を担ぐ小者を小刀で刺していた。鷹狩りに出かけ、天候が悪化して雪を含んだ寒風が吹き、路傍の寺に入った。忠長は追いついてきた小浜七之助《おばましちのすけ》に囲炉裏《いろり》の火を大きくするように命じた。だが、薪《まき》が雪で湿っていてうまく火が移らない。七之助が火を吹こうと首を伸ばしたとき、忠長は七之助の首を囲炉裏の中に切り落としたのである。

七之助は旗本小浜民部《みんぶ》忠隆《ただたか》の次男だったため、忠隆が幕府に訴え出た。幕閣は忠長の附家老の朝倉宣正《あさくらのぶまさ》を厳しく責め、宣正は忠長に代わって謝罪して一旦は落着した。だが、忠長の行動は治まらず、手打ちにされた家来が五、六人にもおよび、家臣たちは公儀を憚って秘密裏に処理したが、忠長乱心の噂は秀忠の耳に達するようになった。

幕府は忠長を駿河から離して甲府に移して蟄居《ちっきょ》を命じた。その頃から秀忠は病の床についた。忠長は江戸に出向いて父を見舞いたいと、天海《てんかい》大僧正に許可願いを出すが受け容れられなかった。寛永九年十一月に秀忠が死亡し、忠長を支えてくれる人物はいなくなった。お福の奔走がなかったら、秀忠夫婦は、三代将軍に忠長を選んでいた可能性もある。

現代でも、創業者の直系であり、自分こそ跡継ぎにふさわしい才能があると思い込み、置かれた立場に不満を抱く人を見受けることがある。しかし、兄に忠節を尽くすという練れた気持ちが必要で、持てる才能を発揮していくうちに、状況が好転してくるものである。忠長も与えられた地位で納得して、兄に忠節を尽くしておれば安泰だったはずだ。

◆幕命による蟄居ののちに自刃

家光は征夷大将軍として君臨するようになると、幼い頃の卑屈さは見られず、お福は春日局となって大奥に権勢を振るい、幕閣内で力を持つ土井利勝が、忠長の前途を塞いだ。

幼いころは利発さから期待され、周囲から将来の将軍候補とする声があまりにも大きく、それが逆に忠長を追い詰めていったといえる。忠長は秀忠側近の金地院崇伝《こんちいんすうでん》らを通じて、赦免を願い出たが許されなかった。

秀忠の死から十カ月後、忠長は甲斐から上野国《こうずけのくに》高崎《たかさき》の安藤重長《あんどうしげなが》に預けられた。幕府は不満分子を排除するため忠長の陰謀説を流し、将軍家光を亡き者にして、駿河大納言忠長を立てるべきと記された怪文書が出回った。

伊達政宗《だてまさむね》と藤堂高虎《とうどうたかとら》は回状を受けると、直ちに幕府に提出して忠誠を示したが、肥後《ひご》の加藤忠広《かとうただひろ》は沈黙したので、罠《わな》にかかってしまったと、新井白石《あらいはくせき》の『藩翰譜《はんかんふ》』にある。

忠長は、高崎で蟄居する屋敷が、突然に竹矢来《たけやらい》で囲まれるようになったことで、自分が罪人と断定されたことを知った。

寛永十年十二月、忠長は失意のうちに自刃して果てた。二十八歳の若さであった。

家康十男

徳《とく》川《がわ》頼《より》宣《のぶ》

由井正雪の乱の黒幕とされた御三家紀伊家の当主

慶長七年(一六〇二)三月七日〜寛文十一年(一六七一)一月十日

◆父のもとで戦国武将の気概を学ぶ

徳川家康は、生涯に成した男子は十一人で、その中で慶長七年(一六〇二)に生まれた十男の頼宣《よりのぶ》は、家康が六十一歳の時の子で、翌年には頼房《よりふさ》(水戸《みと》徳川家)が生まれている。

慶長八年に、まだ二歳の頼宣は常陸《ひたち》水戸二十万石の藩主となったが、頼宣は異母兄の義《よし》直《なお》、同母弟の頼房とともに駿府城の家康のもとで育てられ、父の薫陶を受けて戦国武将としての気概を強く刻み込んでいった。八歳のときに頼宣は駿府城主となっている。

慶長十一年に元服し、慶長十九年の十四歳のときに大坂冬の陣で初陣を飾った。翌年の夏の陣で頼宣は先陣を望んだが、経験の浅さから叶えられなかった。家康の近臣松平正《まつだいらまさ》綱《つな》から「また次もありましょう」と慰められたが、「十四歳が二度とあるものか」と大いに悔しがった。それを見た家康から「その一言こそが手柄である」と称えられたという。

◆幕府を覆す由井正雪への関与を疑われる

元和《げんな》五年（一六一九）に、頼宣は紀伊《きい》・伊勢《いせ》で五十五万五千石を領し、紀州徳川家の祖となった。紀州には独立心の強い国人《こくじん》が多く、織田信長や豊臣秀吉でさえ征服するのに苦労した土地柄である。頼宣は領地の安定に努め、その一方で有能な人材を集めることにも熱心であった。それがのちに幕府から謀反の疑念を買うことになる。

二代将軍秀忠と三代将軍家光は、徳川政権の基盤を盤石なものにするため、多くの大名家を取り潰した。その結果、大量の浪人が世の中にあふれて社会不安を招いていた。

慶安《けいあん》四年（一六五一）、将軍家光が四十八歳で没し、四代将軍となったのはまだ十一歳の嫡男家綱《いえつな》である。幕府の政治的な空白が生じたこの機に乗じて、軍学者として多くの門弟を持つ浪人の由井正雪《ゆいしょうせつ》が、生活に苦しむ浪人救済を名目にして、幕府転覆を企てた。

由井正雪は、駿府の久能山東照宮《くのうざんとうしょうぐう》を襲って金銀を奪い、駿府城を占領する計画で駿河に向かった。だが翌日には、幕府に陰謀を訴える者が相次いだので、幕府は江戸で挙兵する役目の丸橋忠弥《まるばしちゅうや》を捕らえ、老中松平信綱《まつだいらのぶつな》は新番頭駒井親昌《こまいちかまさ》に正雪一行を追わせた。

駿府に到着した正雪は、梅屋町の町年寄邸に宿泊したが、翌早朝に駿府町奉行所の捕り方に宿を囲まれたので、陰謀の露見を悟って自決したことでクーデターは未遂に終わった。

この慶安の変では、首謀者の正雪が頼宣の印章を押した文書を持っていたため、五十歳の頼宣の関与が疑われた。松平信綱をはじめとする幕閣には、頼宣は徳川一族の重鎮でありながら、常々幕政に批判的であったため、油断ならない存在と映っていたようだ。

幕閣は頼宣を江戸城に召喚し、証拠の文書を突きつけて問い質すと頼宣は文書を眺めて、「お家のために慶賀にたえぬ。これが外様大名の名を騙《かた》るものであれば安心もできまいが、お家の血脈たるそれがしの名を騙るとは、これぞお家安泰の兆し」と平然と言ってのけ幕閣を煙に巻いた。

現代でも不祥事を追及されると、状況が限りなくクロに近い灰色でも、「記憶にない」「フェイクニュースだ」と言い放ち、確たる証拠がない限り罪に問われないと、開き直ってすらいることもある。

これで頼宣の疑いが晴れたわけではなく、事件後も江戸に留められ、紀伊に帰国できたのは約十年後のことである。頼宣が由井正雪に加担して幕府転覆を図ったのかは不明だが、家康の子として本家を継承したい野望があったように思える。頼宣は寛文《かんぶん》七年(一六六七)に嫡男光貞《みつさだ》に家督を譲って隠居し、寛文十一年に没した。

宮将軍候補

有栖川宮幸仁親王《ありすがわのみやゆきひとしんのう》

家綱の危篤に際し大老酒井忠清が推した宮将軍候補

明暦二年（一六五六）三月十五日〜元禄十二年（一六九九）七月二十五日

◆酒井忠清が目論んだ傀儡将軍

延宝《えんぽう》八年（一六八〇）、四代将軍家綱は危篤状態であった。家綱は十一歳で将軍となったが、四十歳になっても跡継ぎを残せていなかった。家綱が将軍になるときには、大きな政情不安が生じたが、今度は家康以来の徳川家直系断絶の危機であった。

『徳川実記』には、家綱の側室が懐妊して男子が生まれる可能性もあり、幕府大老の酒井《さかい》忠清《ただきよ》は、時間稼ぎに越前松平家との縁が続く、後西天皇《ごさいてんのう》の第二皇子である有栖川宮幸仁《ありすがわのみやゆきひと》親王《しんのう》を征夷大将軍に迎えようと提案したとある。

鎌倉幕府は、六代将軍に後嵯峨《ごさが》天皇の皇子宗尊《むねたか》親王を迎え、北条政権の傀儡にしていた。酒井忠清はこれに倣《なら》って思うままになる傀儡将軍を据えようと考えたのだろう。

しかし、こういう時のために御三家があり、ましてや家綱には二人の弟がいて、綱重《つなしげ》は亡くなっていたが綱吉《つなよし》は残っていた。重臣の会議は忠清が推しきる形で決まりかけたが、老中の一人堀田正俊《ほったまさとし》は、徳川家の正統な血統として綱吉を強く押し、酒井の案に反対した。

◆傀儡将軍から逃れた幸仁親王

堀田正俊は家綱の病室に入り、次期将軍を綱吉にする遺言状に署名させるという大胆な行動を取っていた。堀田は大奥で権勢を振るった春日局《かすがのつぼね》の養子で、家綱の病室に入れたのは大奥の協力があったと思われる。家綱自身も綱吉に将軍職を託す意思があり、堀田を介して綱吉を病床に呼び後継に指名したので、酒井忠清の目論んだ宮将軍は幻となった。

有栖川宮幸仁親王は、飾り物の将軍になることから逃れた。幸仁親王が鎌倉幕府が宮将軍へ対した処遇を知っておれば、将軍への就任を受けることはなかっただろう。だが、幕閣が忠清の案を採用しておれば、「下馬将軍《げばしょうぐん》」と呼ばれて専制的な政治をしていた忠清は、強権で幸仁親王を将軍にしたかもしれない。

その後の幸仁親王は、皇子として京で生活し四十四歳で亡くなっている。一方の酒井忠清は、将軍綱吉から将軍継嗣問題や金権政治、越後松平家のお家騒動の処置を憎まれて失脚し、失意の中での突然の死も自殺と疑われて、あたかも罪人のようにされていた。

綱吉娘婿

徳《とく》川《がわ》綱《つな》教《のり》

六代将軍候補にされるも早世した将軍綱吉の娘婿

寛文五年（一六六五）八月二十六日〜宝永二年（一七〇五）五月十八日

◆家康の孫という血筋から六代将軍候補になる

将軍となった綱吉には、徳松《とくまつ》という男子があり、わずか二歳で上野館林《こうずけたてばやし》徳川家の家督を継いでいたが、天和《てんな》三年（一六八三）に五歳で夭折《ようせつ》していた。

綱吉には徳松の二歳上の姉鶴姫《つるひめ》がいた。貞享《じょうきょう》二年（一六八五）、九歳の鶴姫は二十一歳の紀州徳川家二代藩主徳川光貞《みつさだ》の世子綱教《つなのり》の正室になっていた。元禄十一年（一六九八）に光貞が隠居したため、綱教は紀州徳川家三代藩主となった。

綱教の祖父頼宣《よりのぶ》は徳川家康の十男なので、綱教は家康の曾孫にあたる。綱吉は、ほかに男子が生まれなかったため、現将軍の姫の夫であり神君家康の曾孫という血筋から、綱教に次期将軍を譲る構想を持っていた。

◆病死で幻に終わった綱教の将軍継承

しかし、綱教の将軍継承は果たせなかった。宝永《ほうえい》元年（一七〇四）に、鶴姫が疱瘡《ほうそう》のため二十七歳で死去すると、翌年には四十一歳の綱教も病死してしまった。藩主になってわずか七年で、取り組んでいた財政再建の結果を見ることができなかった。

綱教と鶴姫の間には子がなく、側室もいなかった。世継ぎを失った紀州藩は綱教の異母弟頼職《よりもと》を綱教の末期養子に迎えた。ところがその頼職も急死し、越前丹生《えちぜんにう》藩主となっていた異母弟頼方《よりかた》に藩主の座が巡ってきた。頼方は後に八代将軍吉宗《よしむね》になるのである。

後継者に予定した綱教を失った綱吉は、兄綱重《つなしげ》の子綱豊《つなとよ》（家宣《いえのぶ》）を継子としたが、綱豊はすでに四十三歳であった。綱吉は綱重の子に将軍職を譲ることに抵抗していたという。

綱教が健康であれば、六代将軍になれたであろうが、為政者は健康でなければならない。

二〇一六年のアメリカ大統領選挙では、民主党候補のヒラリー・クリントンが、共和党候補のドナルド・トランプを抑えて、初の女性大統領が誕生かと期待された。

だが、遊説中に咳《せき》が止まらず、車に乗り込む時に卒倒してシークレットサービスに抱えられるところを撮影され、健康を不安視された。その結果、総得票数ではトランプを上回ったが、選挙人の数でトランプに敗れ、第四十五代アメリカ大統領の座を逃している。

尾張藩主

徳川吉通《とくがわよしみち》

七代将軍候補になるも新井白石の正統論で潰れる

元禄二年(一六八九)九月十七日〜正徳三年(一七一三)七月二十六日

◆七代将軍に幼い鍋松が就任

六代将軍家宣《いえのぶ》は、四十八歳で将軍になったが就任三年目に病の床についた。家宣の世子鍋松《なべまつ》(後の家継《いえつぐ》)はまだ四歳で、後を託すにはいかにも心もとなかった。

家宣は「天下のことは私すべきではない」という考えから、御三家筆頭四代尾張藩主の徳川吉通《よしみち》に跡目を譲ろうと考えた。当時の吉通は二十四歳で文武両道に優れ、剣術は尾張柳生新陰流《やぎゅうしんかげりゅう》九世を継承する腕で、政治にも心を砕き名君の誉れも高かった。

だが、家宣の侍講の新井白石《あらいはくせき》は「家の継嗣は血筋を立てるのが本筋」と主張した。幼いとはいえ嫡男鍋松がいるにもかかわらず、吉通を継嗣にすると幕府内が鍋松派と吉通派に分かれ、派閥争いから騒乱の元となるとした。すでに幕府は幼君が立っても、御三家や御一門、幕閣が補佐していくので懸念はないとして、鍋松が七代将軍を継承し家継となった。

◆当主が次々と不審死する尾張徳川家

いかに名君で、二十四歳という若さでも、七代将軍になれなかった尾張吉通であるが、一年後の正徳《しょうとく》三年（一七一三）に謎の急死を遂げている。夕餉《ゆうげ》の後に血を吐いて悶死《もんし》したともいわれており、医師が近侍していながら、まったく看病しなかったともされ、当時からその死因を不審がる者もいて、毒殺説も囁かれていた。

吉通の跡は幼い嫡男の五郎太《ごろうた》が継いだが、その五郎太も相続から二ヵ月後に三歳で死亡した。その跡を吉通の弟継友《つぐとも》が継いだ。

尾張藩士朝日重章《あさひしげあき》の日記『鸚鵡籠中記《おうむろうちゅうき》』には、その頃さかんに紀州藩の間者が尾張藩邸をうかがっているという風聞を記していることから、紀州藩主吉宗《よしむね》が隠密を使って行動していたと思われた。

たしかに吉宗が紀州藩主になるにも、兄たちが次々と急死するという、偶然とは思えない幸運に恵まれていた。やがて吉宗が八代将軍になるが、これには神君家康の曾孫という血の濃さが重んじられたとされる。尾張家は吉通の弟継友が継承したが、八代将軍吉宗との間は融和を欠いていた。

尾張藩主

徳《とく》川《がわ》継《つぐ》友《とも》

吉宗の工作により目前で取りこぼした将軍の座

元禄五年（一六九二）五月八日〜享保十五年（一七三一）十一月二十七日

◆御三家筆頭尾張家のプライド

徳川継友《つぐとも》は、御三家筆頭尾張徳川家の三代藩主綱誠《つなのぶ》の十一男に生まれた。正徳三年（一七一三）に四代藩主吉通が謎の急死を遂げ、その子五郎太は五代藩主になって間もなくに急死したため、吉通の弟継友が二十二歳で家督を継ぎ六代藩主となった。

吉通と継友の父綱誠の生母は第三代将軍家光《いえみつ》の実子で、御三家のなかでも将軍家に血筋が近かった。だが、兄の吉通は、六代将軍家宣から次期将軍にと構想されていたが、新井白石らの反対で実現しなかった。

◆ライバル吉宗の政治力に屈する

享保元年（一七〇九）四月、わずか八歳の七代将軍家継が風邪をこじらせて重篤な状態に陥った。このとき将軍候補には尾張徳川継友と紀州徳川吉宗、水戸徳川綱條《つなえだ》がいた。

継友には将軍家との血筋の近さがあり、関白太政大臣近衛家熙《このえいえひろ》の娘安己姫《あきひめ》と婚約していた。近衛家は六代将軍家宣の正室で大奥の実力者天英院《てんえいいん》の実家でもある。

継友は御三家筆頭という地位と将軍家との血の繋がりから、兄吉通が届かなかった将軍の座に就けると思ったことだろう。ところがライバル吉宗は一枚上手だった。大奥対策として家継生母の月光院《げっこういん》と手を結び、月光院と対立していた天英院の実家近衛家をも抱き込んでいたのである。さらに水戸の綱條から支持まで取りつけていた。

天英院は継友、吉宗、綱條の次期将軍候補三人を呼び、前将軍家宣の遺命であるとして吉宗を家継の後見役に任命し、家継が没すると吉宗が八代将軍となった。尾張家からの将軍就任は、またしても果たせなかったのである。

将軍継嗣では、将軍の家庭である大奥の力が大きく働いた。将軍正室の御台所の意見は尊重されたが、世継ぎとなる男子を生んだ側室の立場は強く、互いに幕閣の実力者を後ろ盾にして、静かな争いを繰り広げていた。継友の敗因は自身の優位を確信していた油断があり、最新の情報収集と対策を図った吉宗におよばなかったことにある。人情の機微や、刻々と変わる世情に疎《うと》ければ生き残れないのは現代でも同じである。

家宣の弟

松平清武《まつだいらきよたけ》

望まぬ将軍候補とされるが大奥の権力闘争で除外

寛文三年（一六六三）十月二十日～享保九年（一七二四）九月十六日

◆降って湧いた次期将軍候補

松平清武《まつだいらきよたけ》は甲府藩主徳川綱重《つなしげ》の二男である。母は女中であったお保良《ほら》の方で、同母兄には六代将軍となった綱豊《つなとよ》（家宣《いえのぶ》）がいる。

綱重が正室を迎える前に誕生したため、正室を憚《はばか》って幼いころに兄は家老の新見正信《にいみまさのぶ》に預けられ、弟で後の清武は家臣越智与右衛門《おちよえもん》の養子にされ、越智家の家督を継いでいた。

兄の綱豊が五代将軍綱吉の世嗣となると清武は旗本とされ、宝永《ほうえい》三年（一七〇六）には松平姓を賜り、上野国館林藩主に取り立てられた。石高は当初一万四千石であったが加増を重ね、兄家宣の遺言もあって、最終的に五万四千石となった。

兄家宣の死後、将軍職を継いだのは幼い家継であった。正徳《しょうとく》六年（一七一六）に家継が危篤になったとき、家宣正室の天英院は清武を次期将軍候補に推したこともあった。

だが、大奥で天英院と権勢を争っていた家継生母の月光院や、側用人の間部詮房《まなべあきふさ》らに阻まれて実現しなかった。

◆将軍候補になったことで助かった清武の治政

清武が将軍になれなかった理由として、過去に家臣である越智家の家督を継いでいたこと。松平姓を許されて大名になったのが四十四歳と高齢であったことなどがあるが、何よりも清武自身が、将軍に就く野心などは持っていなかった。

大奥での権勢争いは幕閣らを巻き込むことが多く、家継の後継者問題でもそうだった。だが、清武はそんな騒ぎに関わるどころではなかった。館林城の築城などで藩財政が困窮したため、財政再建を目指して重税を強いた。そのため享保《きょうほう》三年（一七一八）には領民の不満が爆発し、館林騒動となっていた。

幕府は、大名の領内の一揆騒動には、領主の治政が悪いと厳しく対処したが、将軍候補になった者を罰することはできなかった。その候補を推薦した者の責任が問われるからだ。

現代では、大臣が不祥事を起こすと、首相は「任命責任は私にある」と言うのだが、その責任を取った様子は、なかなか見られない。

尾張藩主

徳川宗春《とくがわむねはる》

吉宗の改革に反抗して武力闘争も探った尾張藩主

元禄九年（一六九六）十月二十六日～明和元年（一七六四）十月八日

◆吉宗が掲げる享保の改革

享保《きょうほう》元年（一七一六）に、幼い将軍家継が亡くなったので、尾張徳川家では御三家筆頭という家格から、今度こそ継友を将軍にと期待した。ところが六代将軍家宣の正室天英院は、紀州徳川家の吉宗を推挙した。吉宗には神君家康の曾孫という血の濃さがあった。

将軍になった吉宗は、紀州徳川家を廃絶せずに、従兄弟の伊予西条《いよさいじょう》藩主宗直《むねなお》に家督を譲り、紀州藩士から約二百名ほどを従えて江戸城に入った。

吉宗は紀州での藩政の経験を活かして、逼迫《ひっぱく》した幕府財政の再建を中心とした享保の改革を打ち出した。吉宗の改革方針は、倹約を第一にして財政の健全化を図るもので、吉宗自身が綿服を着し、粗食で生活して手本を示していた。

改革は大奥の高級女中五十人を解雇したことを手始めに、大名や旗本から一般民衆の祝儀、不祝儀まで統制し、「いかなる大身も二汁《にじゅう》六菜《ろくさい》を超えてはならない。香の物は一菜に入れるべきこと」という細部にわたるもので、長い歳月を享楽的な生活に親しんだ人々には息苦しいものであった。

倹約すれば金を残せるため、一見結構なように思えるが、通貨の流通を緊縮すれば景気が悪化するのは経済の原則だ。現在では、個人がタンス預金でもしなければ、銀行などの金融機関に貨幣を預けるため、貨幣は間接的にでも流通しているのだが、江戸時代に貯蓄するということは貨幣を秘匿してしまうため、貨幣の流通量が減少することを意味する。

全国民が衣食を倹約すれば、食を生産する百姓や、蚕《かいこ》を飼って糸を紡ぎ、布を織るという産業が成り立たなくなる。また商品の流通が停滞するため運送業が成り立たず、商品の売買で利ざやを稼ぐ商人も商売にならないのである。

◆米中心経済の矛盾

ヨーロッパの封建領主は、土地もその上で生活する人民も領主の所有物としたが、日本の封建領主は、土地からの収穫物を税として得るだけである。

江戸時代には、吉宗が発案した享保の改革をはじめ、幕府が主導した多くの改革があるが、その原因は活発化した経済活動に武士が付いていけずに困窮したためで、改革の目的は為政者である武士の生活を成り立たせるための、救済の方策なのである。

武士は百姓から租税として米を徴収し、領地からの米の収穫高が多いほど大名として格が高い。一般的な武士は、その米を主人から俸給としてもらい、自家での消費分を残し、余剰米を売って生活物資を買ったため、米価に拠るところが大きい米中心経済である。

この体制は米価に諸物価が連動して成り立つのだが、豊作で米価が下がっても諸物価は下がらず、「米価安の諸色高」という経済問題に突き当たる。また、凶作では収穫物が減少するため、武士が受ける禄米の減額や遅配になる。

武士の俸給は、出世でもしない限りは変わらない。豊作と凶作のいずれにしても収入は増えず、諸物価の値上がりで実質的にベースダウンするという矛盾した体質なのである。

吉宗には、米中心経済を改革する発想はなく、米価を平均化することで、武士の生活を成り立たせたいとした。

江戸の米問屋高間伝兵衛《たかまでんべえ》を米が集積する大坂に派遣して、米を買い上げて流通量を減らし、米価の吊り上げを画策した。だが、米価を左右するほどに米を買い上げるには資金が追いつかなかった。諸大名に領内の産出米を市場に出すことを禁じるが、大名たちも米を売らねば藩政が成り立たないため効果はなかった。

享保十七年に、西日本一帯が冷夏と蝗害《こうがい》に襲われ、享保の大飢饉になって米価が高騰したときには、幕府は引き下げに狂奔した。その翌々年には大豊作で米価が下落すると、今度は米価の吊り上げに腐心するということを繰り返して、米価の安定に追われている。幕府は米価の公定価格制を模索したが、米商人たちの協力は得られそうになく断念していた。

◆吉宗の政策に反抗する宗春

享保十五年、吉宗が将軍になって十五年が経ち、江戸城中で吉宗の招宴にあずかった尾張継友が、帰邸後にわかに死亡した。

吉宗が将軍位を継承するまでにも、ライバルが次々と死亡するという偶然が重なっており、尾張家中では吉宗による毒殺と考える者もいて、将軍吉宗を敵視していた。

尾張徳川家は三代藩主綱誠《つなのぶ》の第二十子で、吉宗から奥州梁川《やながわ》三万石を賜り、分家を立てていた宗春《むねはる》が継ぎ七代尾張藩主になった。

宗春は、吉宗が進める享保改革の倹約に「かかることは自らが律すべきこと」として幕府が統制すべきではないとした。そこで江戸の尾張藩邸では、遊芸や音曲《おんぎょく》を制限せず、家臣の長屋からも鳴り物が聞こえていた。

また宗春は、緊縮政策は経済を停滞させると反発して、志を同じくする播磨《はりま》国姫路《ひめじ》藩主榊原政岑《さかきばらまさみね》や安芸《あき》国広島の太守浅野吉長《あさのよしなが》と連れだって吉原《よしわら》で遊び、彼らは遊女を大金で身請けして、藩邸に住まわせるなどしていた。

後に榊原政岑は、実収穫高が少ない越後高田への国替えと隠居を命じられ、浅野吉長の奥方は、吉長の突然の放蕩《ほうとう》に衝撃を受け、吉長に諫言をするも聞き入れられないため、女ながらに切腹して吉長を諫めていた。これを幕府は事故死として扱っている。

後に幕府が宗春に蟄居《ちっきょ》を命じたとき、吉長は上使として尾張藩邸に乗り込んでおり、吉長は吉宗の得意とする「隠し目付」になっていたようだ。しかし、吉長は仲睦まじい妻を失うという、高い代償を払わせられたことになる。

吉宗は、自分の政策にことごとく反抗する宗春に怒りを持ったが、御三家筆頭という家格も尊重せねばならず、宗春を諫める機会を根気よく待った。あるとき吉宗は、宗春が吉原で遊んでいるという情報を得たので、町奉行の大岡忠相《おおおかただすけ》を吉原に向かわせ「尾張候を騙《かた》る者」として捕縛させようとしたが、すでに宗春は船で逃れていたという。

宗春が領国入りする行列は奇抜なもので、白馬に乗った宗春は猩々緋《しょうじょうひ》の羽織に紅色の着物を着て、鳥毛を立てた鼈甲《べっこう》製の唐人笠《とうじんかさ》を被り、供の者にも伊達《だて》な衣装を着せて花笠を被らせる演出しており、宮（熱田神宮）まで出迎えた家臣を驚かせている。

そして宗春は『温知政要《おんちせいよう》』という書を印刷し、「行きすぎた倹約はかえって庶民を苦しめる」「規制を増やしても違反者を増やすのみ」という宗春の政治観を二十一条にまとめて藩士に配布し、吉宗にも献上した。これを京都堀川《ほりかわ》の木村屋という版元が出版したが、京都所司代が回収し、版木も没収している。

宗春の領国名古屋城下では、幕府の通達と逆方向の改革を断行していった。歌舞伎座の設営を許したので、緊縮政策で閉め出された京都、江戸、大坂などの遊芸人が流れ込んで歌舞伎小屋が設けられ、商人も尾張領に集まって料理屋や旅籠《はたご》が軒を連ね、喧噪の巷《ちまた》と化していた。

吉宗は、民衆が萎縮してかなり苦しんでいる世情を、市中に放ってある隠密の報告で知っていた。しかし当時は、政権を担う徳川家が成り立つことが第一義で、独裁者である将軍個人のために、万人が奉仕するのは当然のこととし、仕方のない犠牲としていた。

歴史教科書では「享保の改革」を吉宗の見事な政治とするが、中身は幕府の財政立て直しが主眼であり、下々の生活はまったく顧みられていないのである。

これは、封建時代だから起こった特殊なことではなく、開かれた民主主義の現代にも同様のことが起こるのだ。杜撰《ずさん》な政策で作られた赤字財政を解消するため、福祉の切り捨てや増税など、国民に大きな負担を強いていることもある。

◆軍事対決も探っていた宗春

宗春の開放政策を世情が喝采《かっさい》していることで、吉宗は自らの政治の危機を強く意識していた。享保十七年に、宗春が参勤のために派手な装束の行列で江戸に向かうという情報が入った。御三家の参勤上府には、幕府からの使者が郊外で出迎える慣例があり、老中の松《まつ》平乗邑《だいらのりさと》が川崎宿に向かった。ところが川崎宿の本陣では、尾張藩の家臣も宗春も地味な黒木綿を着ており、肩すかしを食っている。

五月には市ヶ谷の尾張藩邸に夥《おびただ》しい数の五月幟《さつきのぼり》や吹き流しが立ち、家康から賜った家宝の旗までも立てていた。節句の日には江戸市民に屋敷を自由に通り抜けさせている。

これを知った吉宗は、詰問使《きつもんし》を尾張家に差し向けたが、宗春は低姿勢になって答えながらも、吉宗の施政を正面から論破したため、吉宗は怒りを増幅させていた。

翌年、宗春は名古屋に帰って領内を巡視し、大鹿狩りを催すことを発表した。藩士は知行高に応じて動員することとし一万人となった。村から出す勢子《せこ》は二万数千人として支度を命じ、千挺ほどの鉄砲は新しく張立てたものを藩が支給するとした。

これは鹿狩りに名を借りた軍事調練である。民心は吉宗の緊縮政策に嫌気を起こしており、宗春はそれを背景にして、吉宗を討つ機会を狙おうというものだったようだ。

尾張徳川家には、幕府から差配された附家老の犬山《いぬやま》城主成瀬隼人正《なるせはやとのしょう》と美濃今尾《みのいまお》領主竹腰志摩守《たけごししまのかみ》、尾張家国家老鈴木丹後守《すずきたんごのかみ》の三重臣があり、「公儀から目を付けられているこの時期に、鹿狩りを催すなどはとんでもない」と諫めた。

宗春は目論む準備はすでに整ったとして、三家老の諫言を受け容れて、鹿狩りの中止を発表した。

御三家の水戸徳川家の勤王はよく知られるが、尾張家の祖義直《よしなお》も勤王の志は厚く、義直の著書『軍書合鑑《ぐんしょあわせかがみ》』には「王命によって催さるること」の一条がある。これは天子の命で軍勢を催したとき、尾張藩の進退の対応は代々の藩主が口伝で伝えられていた。だが、四代吉通は『円覚院《えんかくいん》様御伝十五カ条』として文書で残し、宗春も読んだようだ。

この書には「朝廷兵を催さるるときは、官軍に属すべし」とある。宗春は幕府に無届けで京に行き、九条家と交流を持った痕跡がある。その後に尾張家では、公家衆の娘たちを奥女中に多数召し抱えていた。

宗春が反吉宗の兵を起こすときは、朝廷の兵となる布石だったのかもしれない。そうなれば宗春が征夷大将軍になることは具体的になる。だが宗春には、吉宗の政策を変えさせたかったに違いないが、征夷大将軍になることまで決意しなかったように思われる。

◆吉宗に屈し隠居させられた宗春

吉宗が、極端な倹約政策で臨んだ享保の改革は、一時的に目覚ましい成果が見られ、江戸城の金蔵に百万両を積むほどになった。だが、ある程度の成果が得られたときに弛《ゆる》めるべきであった。

水道の蛇口を閉じるという家ごとでやる緊縮を、全国的に長期にわたって行なえば、結果的に世間の経済活動は火が消えたようになる。結果は幕府収入の減少になって現れたため幕閣は狼狽した。

幕閣は、在野の学者から町人にまで局面打開策を諮問し、元文《げんぶん》元年（一七三六）に通貨緊縮の政策を放棄した。流通貨幣を増大させるため、正徳金銀の金銀含有量を六〇パーセント程度に減らし、一枚の小判から二枚の小判にした元文金銀を発行した。

これを聞いた宗春は、領内に設置させた遊郭や芝居小屋を廃して、勤倹奨励の令を下した。宗春の側近ですら「そこまで公儀に逆行されずとも……」とする急な方向転換だが、宗春は「押し詰まっていた金の流通が二倍になり、物価の変動から尾張領を守るにはこれしかない。やがて金がだぶつき、その金は物資の豊富な尾張領に流れ込んでくる」と説明し、領内で産業の開発に努めたり、新田を開発し、薄禄の家臣には元結《もっとい》作りの手内職を奨励するようになった。

幕府の政策変更は、各地で騒ぎを引き起こしたが、尾張領内では宗春の早急な対応によって、他領ほどの影響を受けなかった。それでも財政悪化があり、それらは宗春の開放政策によるものと批判する者もあって、宗春の声望に翳《かげ》りが見られるようになった。

元文三年、参勤で江戸への下向準備をする尾張家に、老中松平乗邑から竹腰、鈴木の二家老も随従するようにという内命があった。

二家老が老中屋敷に赴くと、鎗と鉄砲の詳細絵図を見せられた。これは先年、宗春が大鹿狩りを思い立ったとき、家中や農民に用意するようにとした猪鎗と、新しく発注した鉄砲のものであった。

猪鎗の絵図には穂先九寸、総長七尺、竹の柄に穂先を差し込むには松ヤニを流して固め、籐《とう》を巻いて漆《うるし》を塗るなど、細かく指示した実戦向きのものであった。幕府は宗春に謀反の疑いがあると二家老に迫った。

この後から、宗春の周辺から側近が遠ざけられたことなどで、宗春は身に危険が迫っていることを感じ取った。

元文四年正月、宗春は麹町《こうじまち》屋敷で上使を迎え、「中納言殿には隠居の上、麹町屋敷において、急度《きっと》慎みおられ候よう」というもので、宗春は神妙に受け入れた。

尾張家は、分家の高須《たかす》松平家から義淳《よしあつ》が入って家督を継ぎ、宗勝《むねかつ》を名乗った。

宗春の開放政策は、人々に活気をよみがえらせて、生産に意欲を見せたことまでは大成功であった。だが、そこからの徴税を考えなかったことは、単に浪費を奨励する結果になってしまった。引き締めのない積極策は、遊惰で淫靡《いんび》な気風を醸成し、吉宗の行き過ぎた緊縮政策と同様に悪影響を及ぼしていた。

宗春が隠居を命じられたとき、家老が「かつて、御三家の当主がこのような処分を受けたことがない」と嘆くと、宗春は「おわり初物《はつもの》という」と大笑いしたという。

宗春は、明和《めいわ》元年（一七六四）に死去し、墓には罪人として金網が被されたというが、宗春を憎んだ吉宗はすでに亡くなっており、そこまではしなかっただろうとされる。

吉宗次男

田《た》安《やす》宗《むね》武《たけ》

病弱な兄より出来の良い弟が抱いた将軍への野心

正徳五年(一七一六)十一月二十七日~明和八年(一七七一)六月四日

◆将軍世嗣は病弱な兄

八代将軍吉宗の長子家重《いえしげ》には障害があったことで、享保の改革を主導し将軍吉宗の信任も篤かった老中の松平乗邑《まつだいらのりさと》などは、幼児から文武に秀でて周囲の期待も高い、吉宗次男の宗武《むねたけ》を世子にと望んでいた。

家重の言葉は理解しにくく、彼の言葉を解せるのは、幼少より近侍した側用人の大岡忠光《おおおかただみつ》ただ一人とされた。あるとき、家重は外出し、お供の者に何かを命じたが、その言葉を理解できないため家重は癇癪《かんしゃく》を起こしてしまった。困った供の者は、急いで御城から大岡を呼ぶと「今日は風が吹いて寒いので、羽織を着たい」と言っていたことがわかったという。

家重は凡庸《ぼんよう》で暗愚な将軍と思われるが、決してそうではない。その証拠に将棋《しょうぎ》が得意で

『御撰象棊攷格《ぎょせんしょうぎこうかく》』という将棋の問題集を編纂している。

そこで吉宗が出した結論は、長幼の序から家重の優位は揺るがないとし、次男宗武に田安家、四男宗尹《むねただ》に一橋家を興させ、それぞれを独立大名とはせずに、賄《まかな》い料として十万石を与え、家臣には幕臣を兼務させた。

その後、九代将軍になった家重は、次男重好《しげよし》に清水家を立てさせ、田安、一橋とともに御三卿《ごさんきょう》とした。御三卿は将軍の家族としたので、将軍継嗣問題では家康が創設した御三家よりも優先された。吉宗は、自分の血統で将来の将軍家を継承させようとしたのだ。

◆利発さも「長幼の序」に勝てず

幼時から利発で将来を嘱望された宗武は、荷田在満《かだのありまろ》や賀茂真淵《かものまぶち》ら当代一流の学者に師事して国学や和歌を学び、自ら多くの著作を残している。

吉宗も宗武を跡継ぎにしようかと迷った。しかし、三代将軍家光と駿河大納言忠長以来、長幼の序を重視することが前例としてあった。当時は前例が優先され、それから外れることは許されないとしたので、吉宗は家重を後継者とし、宗武が世嗣になることはなかった。どんなに出来が良くても、次男以下は長男に何かあった時のスペアでしかなかった。

宗武自身にも兄よりも優れている自負があり、このまま世に埋もれてしまうのかという鬱々とした気分があったようだ。そのことが原因になったのだろうか、吉宗が隠居し家重が将軍になると、宗武は三年間、登城禁止の処罰を受け、弟の宗尹も同罪とみなされ不興を被っている。

それでも宗武は諦めきれなかったのであろう。将軍家重の欠点を列挙した文書を朝廷に送ったようで、大御所の吉宗から、延享四年（一七四七）から三年間の謹慎処分を受けている。このままなら、家光が忠長に対したように、最終的には身を滅ぼしてしまいかねない。吉宗は尾張宗春の跡に宗武を入れることも考えたとされるが、尾張藩の抵抗で断念したとされる。

もし、尾張藩主宗武が実現しておれば、反吉宗の気風が強い尾張藩で殺害されていたかもしれず、また逆に反将軍の意識から、第二の宗春が誕生したかもしれない。

実力主義の現代であれば、兄にリーダーの素養がなくとも弟にあれば、弟が跡を継ぐこともできる。しかし「長幼の序」は徳川幕府の柱である。徳川将軍家が興って九代、すでに一世紀半も時間が過ぎており、将軍が暗愚や病弱でも幕閣の支えがあって揺るがない体制が整っていたことが、宗武の不運であった。

家治世子

徳《とく》川《がわ》家《いえ》基《もと》

十一代将軍を期待された将軍嫡子の突然の死

宝暦十二年（一七六二）十月二十五日～安永八年（一七七九）二月二十四日

◆期待の将軍世子のあっけない死

徳川家基《いえもと》は十代将軍家治《いえはる》の嫡男である。母は側室お知保《ちほ》の方だが、男子のいなかった正室倫子《ともこ》（閑院宮直仁親王《かんいんのみやなおひと》の第六王女）のもとで養育された。家基は幼いころから頭脳明晰で文武に優れていた。また成長するにつれて政治にも関心を示していた。

十代将軍家治は父家重から「（田沼《たぬま》）意次《おきつぐ》は全人《まとうど》（欠点のない人）の者で、将来も目をかけてお使いなされ」という遺言を受け、幕政に関することは田沼に一任していた。

だが家基は、時には老中田沼意次の政治に疑問や批判を示すこともあったというが、家治は世子として大いに期待していた。

このまま何事もなく成長すれば、家基は十一代将軍になっていた。ところが、その家基に突然の悲劇が襲ったのである。

安永《あんえい》八年（一七七九）、鷹狩りに出た家基は、帰途に休憩のため立ち寄った品川の東海《とうかい》寺《じ》で突然の体調不良を訴えた。同行していた医師が薬を服用させたが容体は一向に改まらず、急ぎ江戸城に戻ったが、家基の腹痛は激しく、帰路の駕籠の中から強いうめき声が絶えなかったという。家基は江戸城に戻って数日後に死去した。享年十八であった。

◆家治は後継に一橋豊千代を選ぶ

あまりにも急な家基の死に、田沼意次《たぬまおきつぐ》が御三卿の一橋治済《ひとつばしはるさだ》と謀り毒殺したのではないかという噂が囁かれたが、これはあり得ないだろう。また幕末に来日したシーボルトは著作の中で、家基がオランダから輸入されたペルシャ馬から落馬して落命したと記しているが、激しい腹痛があったことで急性の食中毒や内臓疾患が死因と思われる。

この頃は、欧米勢力が日本沿岸に接近してきていた。文武両道に優れた家基が十一代将軍になっていたなら、日本の歴史は変わっていたかもしれない。

家治の落胆は大きいが後継を決めねばならない。家治は従兄弟の一橋治済の子で九歳の豊千代《とよちよ》を養子にした。豊千代は家治から治済が拝領したお手つきのお富《とみ》との間にできた子で、拝領して九ヶ月後に誕生しており、家治も自身の子である可能性を考えたようだ。

家重次男

清《し》水《みず》重《しげ》好《よし》

将軍との血縁は近いが一橋家に奪われた将軍の座

延享二年（一七四五）二月十五日〜寛政七年（一七九五）七月八日

◆将軍家治の弟に生まれる

御三卿清水家の初代当主である清水重好《しげよし》は、九代将軍家重の二男で、十代将軍家治の異母弟である。江戸城清水門内に邸を構えたため清水徳川家と呼ばれた。

御三卿は御三家と違って大名ではなく、一門扱いであった。重好は当初、三万石を与えられたが宝暦《ほうれき》十二年（一七六二）に十万石に改められている。

兄家治との仲は良かったようで、家治は清水邸を十年間で十一回も訪ねている。しかし同じ御三卿の一橋治済《はるさだ》の待遇が上昇すると、重好の立場は怪しくなった。

◆重臣による田沼意次への贈賄疑惑

安永《あんえい》八年（一七七九）、家治の実子家基《いえもと》が十八歳で急死した。家治には他に男子がなく家基にも子がいなかった。この時点で最も家治と近い血縁は、弟の重好であった。

だが、一橋治済の長男豊千代（家斉《いえなり》）が家治の養子に迎えられ、天明《てんめい》六年（一七八六）に家治が死去すると家斉が十一代将軍職を継いだ。

一橋治済は家治の従兄弟だが、その子となると血縁は遠い。重好にとっては心穏やかならざる事態であった。

清水家には長尾幸兵衛《ながおこうべえ》という重臣がいた。天明《てんめい》八年（一七八八）、長尾が清水家の財政を私物化しているとの報告が幕府御庭番から上がっている。長尾は主君重好を将軍に就けるため、老中田沼意次に三万両を献金したという噂も流れた。

重好は将軍の座を諦めきれなかったのだろう。だが兄の家治が家斉を選んだ最大の理由は養子の年齢であった。重好は三十歳を過ぎており将軍になるには、強力に重好を推挙する有力者が必要なため、その有力者は家治が信任した田沼意次以外になく、重好の意を受けて長尾が田沼との接近を図ったのだろう。だが重好は家斉に敗れた。

重好に嗣子がないため、重好の死後に清水家は幕府に収公されている。子が将軍になった一橋治済は陰の力を持ち、御三卿の役目は終了したとされることを恐れて清水家消滅を幕閣に抗議した。後に将軍家斉が、五男の敦之助《あつのすけ》を清水家当主として再興している。

白河藩主

松《まつ》平《だいら》定《さだ》信《のぶ》

田沼の妨害で将軍になれなかったと恨んだ吉宗の孫

宝暦八年(一七五九)十二月二十七日~文政十二年(一八二九)五月十三日

◆存続が難しくなった御三卿

田安家を興した宗武と正室森姫《もりひめ》(宝蓮院《ほうれんいん》)との間に、大蔵卿治察《はるあき》がいて田安家を継いでいた。だが治察は、安永《あんえい》三年(一七七四)七月ころから病床に伏すようになった。田安家には治察のほかに、庶子に次男豊丸《とよまる》と三男賢丸《まさまる》がいた。豊丸は六年前に伊予松山《いよまつやま》の久松《ひさまつ》松平家に養子に出されて定国《さだくに》と名乗っており、賢丸も安永三年三月に白河《しらかわ》松平家に養子に出されることは決まっていた。

治察には子がなく、治察の母宝蓮院は田安家が消滅することを恐れ、賢丸の養子話を白紙に戻して田安家の跡取りとし、治察の次の田安家を継がせたいとした。

この頃、老中田沼意次は、十代将軍家治に日光東照宮へ参詣させたいと考えていた。だが、その費用は吉宗の遺金の三百万両には手を付けず、自分の才覚だけで二十万両を捻出したいとしていた。

そこで行政に関する諸費用が年間十三万八千両あるが、そこから年に四万両を倹約して、五年間で二十万両を捻出したいとしたが、その間に明和《めいわ》九年（一七七二）二月に目黒行《めぐろぎょう》人坂《にんざか》の大火があり、その救済費用に田沼が倹約した日光参詣資金を充てねばならなかった。

あらゆるところから税を徴収したい田沼は、御三卿の田安家に相続者がいないので役目は終えたとして、田安家を廃すれば十万石が収公でき、四公六民では現米で四万石が浮き、一石が一両とすれば四万両になるとも考えていたと思われる。だが、それを断行することはなく、安永五年四月に、十代将軍家治の日光参詣は吉宗以来四十八年ぶりに実現した。

宝蓮院は、将軍家治に田安家存続を訴えたので、家治も宝蓮院存命中は田安家存続を許してはどうかと幕閣に図り、既定方針通り賢丸は白河松平家に養子に出されることになった。だが賢丸は、田安家当主になることを期待して、養子先に移ろうとしなかった。

ところが養父になる白河藩主の松平定邦《さだくに》は、白河城での花見の最中に卒中で倒れた。そのため白河藩は賢丸に、八丁堀の江戸藩邸への引き移りを求めたので、安永四年十一月に賢丸は定信《さだのぶ》と名乗って養子先へ引き移っていた。定信は、一親藩大名の嗣子に落とされたのは田沼の陰謀と思い込み、一方的に田沼を憎悪した。

正確な情勢を把握しないで、自分の不幸な状況は他者のせいと思い込んだりするが、令和元年（二〇一九）七月には京都のアニメーション会社に、アニメ原作の小説をパクられたと思い込んだ男が、アニメーション会社にガソリンを撒いて放火し、三十六人が焼死するという凄惨な事件が起こっている。定信の田沼に対する思い込みも激しく、田沼を政権の座から追い落とすまで、田沼を憎悪する感情を持ち続けている。

◆田沼を目の敵にした定信

安永八年二月に将軍家治の世子家基《いえもと》が急死した。この時定信は、自分が田安家に残っていたら将軍の養子になっていたかもしれないという思いがあり、田沼への怨みを強くしていった。だが定信が田安家に残っていても二十二歳になっており、家治から養子に迎えられた可能性は低い。

将軍家治は、天明《てんめい》元年（一七八一）閏《うるう》五月、一橋治済《はるさだ》の子で九歳の豊千代《とよちよ》を養子にした。田沼は豊千代を家治の養子にするにあたり、治済に将来は将軍の父として振る舞わないと約束させていた。

将軍に嫡子が誕生することが続くと、御三卿の子息は親藩へ養子に出すことを優先され、御三卿の存続が疑問視されていた。一橋治済は一橋家が廃されることを恐れて、将軍家治のお手つき女中の一人であるお富を望んで拝領するという離れ業をやっていた。治済とお富の間に生まれたのが豊千代で、家治の子である可能性もあったのだ。

豊千代は吉宗の曾孫だが、定信は孫である。定信の血の方が吉宗に近いというのも、定信の自分勝手な理由になっていた。天明六年九月に将軍家治が死亡すると、家斉《いえなり》と名を改めていた豊千代は、翌天明七年一月に十五歳で十一代将軍に就任した。

白河での定信は、祖父吉宗の施策を手本にして領内を治め、天明の大飢饉での対処では、領内から餓死者を出すこともなく、老人を大切にする善政が評判になっていた。

そうなると国政で腕を振るいたいと思うようになり、定信は権勢を誇る田沼意次の屋敷を訪ねて幕閣に参入できるように運動している。これは後に定信も認めていることである。

さらに定信は一橋治済に接近し、治済の五男斉匡《なりまさ》を田安家再興に推挙するという奇策で治済を取り込み、自らを老中に推挙させたのである。田沼派の幕閣は定信の入閣を阻止しようとしたが、将軍家斉は実父の治済の入れ知恵から、田沼派幕閣に、江戸で起こった打ち壊しを追及して沈黙させた。

天明七年六月、御三家の推薦を受けて、松平定信がいきなり老中首座に就任した。十月には田沼は蟄居を申し渡されて、全所領を没収された。定信は田沼への恨みを晴らすため田沼の相良《さがら》城を破却させ、悪人田沼のイメージを全国に知らしめた。

定信は、田沼の孫の意明《おきあき》に辛うじて家督だけは相続を許し、陸奥《むつ》と越後《えちご》で一万石を与えた。田沼は失意の内に生涯を閉じたが、定信の田沼家に対する執拗な報復はこの後も続き、川浚《かわさら》えの名目で五万両の供出を命じ、さらに一万両を差し出させて、田沼家に何も残らないように処断した。定信は田沼が溜め込んでいた正確な数字を把握していたのだ。

◆定信が実施した寛政の改革

老中首座になった定信は、将軍家斉が若年という理由で、老中よりも地位が高い将軍補佐役という役を要求した。家斉の父一橋治済は、定信が家斉を補佐してくれるものと信じ、それが認められるように奔走《ほんそう》した。

定信の施策は、尊敬する祖父の吉宗に倣ったもので、綱紀粛正、緊縮財政、米経済への回復を図ることを目指して、寛政《かんせい》の改革をはじめた。

農村の復興に、都市に出てきた者を強制的に農村に送り返し、飢饉対策として白河藩で成功させた「囲《かこ》い米」を実施し、町費を節約させてその七割を積み立てさせ、窮民救済や低利融資に当てる「七分積金《しちぶつみきん》」も行った。

これは疫病の流行時や災害時に罹災者を救済した。さらに町会が蓄えた籾《もみ》と金は、病気で暮らしに困る独り者に、白米五升と銭千六百文を支給した。この基金を町会所が運用して増やし、幕府崩壊時には百七十万両にもなり、東京の学校や道路の建設に活用されている。

旗本・御家人の禄米を扱う米屋であった札差《ふださし》は、いつしか旗本・御家人から禄米を担保にした金融業になって、強引な手法で旗本・御家人を借金漬けにしていた。定信は旗本・御家人を救うため、借金を帳消しにする「棄捐令《きえんれい》」を出したのもこの改革でのものだ。

定信の倹約主義も吉宗同様に厳格なもので、町人の女房が髪結いを呼ぶことを禁止し、高価な菓子や玩具にまで細々と規制した。吉宗の享保の改革を真似ているから、結果は同じように町から活気を失わせ、経済は停滞して暮らしを圧迫したのである。

定信は、白河藩で成功した藩政改革に自信を持って幕政に臨んだが、それは十一万石という狭い範囲でこそ成功したものである。吉宗もそうだが、一地方政治の成功例を全国レベルの施策に応用するのは無理があった。

時代が進めば、文化水準も生活水準も向上するのが自然の動きである。それを権力で押さえ込もうとするのは不可能で、米中心経済に頼る政策で、武士階級を守ろうとして、結果的に武士を困窮させていった。

◆本心ではない辞任を認められた定信

定信は、吉宗の隠密を活用する施策も見倣っており、江戸市中を見廻らせて情報を収集させていた。家臣の水野為長《みずのためなが》が『よしの冊子《そうし》』にまとめて定信に報告するため、幕府役人の噂や市井のことに精通していた。

天明七年九月、町奉行よりも強権で治安を維持する火付盗賊改役《ひつけとうぞくあらためやく》に田沼派として知られた長谷川平蔵《はせがわへいぞう》を登用した。平蔵は現代では時代小説の主人公になるほどに、役目には私財も投入して大物盗賊捕縛に活動したが、同僚たちからは嫉妬も含んだ反発を受けることも多かった。

定信も平蔵の手腕は認めているが、平蔵の人物を「この人、功利をむさぼるが故に、山師《やまし》などいう姦なることもある由にて、人々悪しくぞいう」としている。定信は日記にも平蔵を「長谷川なにがし」としており、名前すらも記さずに軽く見ているような性格だった。

定信はいかにも高潔な人物と思われがちだが、そうとは思われない一つに将軍家斉のイジメがある。少年の気分が抜けていない家斉は金魚が好きで、大きな金魚鉢を欲しいとしたが、定信は「望めばきりがない」と家斉の願望を受け入れなかった。庭に小さな池を掘らせるとたちまち埋められた。定信は口に出して言わないが、腹の中で家斉に対し「そこに座っているのは、俺だったはずだ」と思っていたに違いない。

父に孝行したい家斉は、父を大御所としたいと望んだが、定信は大御所の称号は将軍経験者のもので、治済にはその資格もないとした。家斉はこのことを何度も定信に懇願したがそのたびに拒否されたので、ついには怒りから脇差を抜いたこともあった。

定信は、何度も老中の辞職を申し出ていた。自分は老中の座にしがみついているのではないというアピールとともに、家斉が慰留することで、自分の政策が将軍から認められたことになるからだ。定信の本心では、自分以外に老中が務まる者がいないと見透かしての行動で、爽やかとは思えない。

寛政五年（一七九三）七月、定信は恒例行事のように家斉に老中の辞職を申し出た。ところが家斉は、あっさりと定信の辞任を容認したので、アテが外れた。

松平定信の寛政の改革も半ばで終わり、財政再建に何の糸口も見出せずに老中を辞さねばならなかった。だが、将軍になってこのような治政をしたいと思っていたことは、すべてやれていたと思われる。

第四章 将軍に替わる〝トップ〟になり損ねた幕末維新の人物

十五代将軍

徳川慶喜《とくがわよしのぶ》

新時代のトップの構想を探るも朝敵逃れに終わる

天保八年（一八三七）九月二十九日～大正二年（一九一三）十一月二十二日

◆幼くして十三代将軍候補だった慶喜

徳川慶喜《よしのぶ》は、水戸徳川家九代藩主斉昭《なりあき》の七男として江戸藩邸で生まれた。幼名を七郎麻呂《しちろうまろ》といい、生後七ヶ月で水戸に移り、水戸で養育された。

十二代将軍家慶《いえよし》は、嫡子の家定《いえさだ》が病弱のため、幼くして英明の評判がある七郎麻呂を、御三卿の一橋家を相続させた。斉昭には七郎麻呂を次期将軍になる含みを持たせていた。

七郎麻呂は、弘化《こうか》四年（一八四七）八月に江戸に出府し、九月には一橋家を相続した。十二月には家慶から偏諱《へんき》を賜わり一橋慶喜と名乗るようになる。

家慶は慶喜を将軍継嗣の有力な候補として考え、たびたび一橋邸を訪問するなどしたが、老中の阿部正弘《あべまさひろ》から、家定がいることで慶喜を次期将軍候補とするのはどうかと諫言され、慶喜の将軍候補を断念している。

◆紀州家と競い十四代将軍になり損なう

嘉永《かえい》六年（一八五三）六月、ペリーの来航で日本中が混乱する最中に、将軍家慶が病死した。その跡を継いだ十三代将軍家定は病弱で、この難局に自らで対処できる人ではなかった。さらに家定には子ができる見込みがないことで、聡明な世子を立てて政治を処理させようという意見が、老中の阿部正弘と開明派大名の中で交わされた。

越前《えちぜん》藩主の松平慶永《よしなが》（後の春嶽《しゅんがく》）が率先して、一橋慶喜を世子にという運動を起こしたので、再び慶喜が次期将軍に注目されたが、慶喜の父斉昭の豪邁な性格と病的な好色は、将軍の家庭ともいえる大奥で毛嫌いされていた。

老中阿部正弘は、聡明で行動力も軍事力もある開明派大名の薩摩《さつま》藩主島津斉彬《しまづなりあきら》を幕閣に入れて、激動の時代を乗り切ろうとした。

だが、外様大名の島津斉彬は幕政に参画する資格がない。そこで、島津斉彬は養女の篤《あつ》姫《ひめ》を家定夫人とした。これは大奥を親慶喜に向かわせ、斉彬が将軍家定の岳父となって、幕閣内に地位を持たせる布石であったが、この工作に成果は見られなかった。

阿部はペリー来航の責任を取って辞任し、間もなく病死してしまった。

慶喜の意志とは関係なく、十三代将軍家定の後継候補になり、紀州家の家茂《いえもち》と将軍の座を競ったが、大老に就任した彦根《ひこね》藩主井伊直弼《いいなおすけ》の判断によって敗れた。

安政五年（一八五八）六月、大老の井伊が勅許を得ずに、ペリーと日米修好通商条約に調印したことで、慶喜は父斉昭と兄慶篤《よしあつ》、尾張義勝《よしかつ》、越前の慶永（春嶽）とともに、違勅調印と非難して糾弾した。だが井伊は将軍家を扶けるべき徳川家の一門が、幕政の足を引っ張ることが苦々しく、逆に彼らに謹慎を命じた。

安政七年三月に、井伊が桜田門外で水戸浪士たちに暗殺され、幕府の権威を失墜させていた。文久《ぶんきゅう》二年（一八六二）に、幕政に意見を述べる資格がない、薩摩藩主の父島津久光《ひさみつ》が幕政改革を要求した。久光の改革案には、慶喜を十四代将軍家茂の後見職にして内外の困難を乗り切るべきとしており、幕府がそれを受け容れたので、慶喜は幕末政治の表舞台に躍り出たのである。

◆一筋縄ではいかない慶喜

文久三年三月、将軍家茂が攘夷の実行を朝廷と協議するために上洛するが、慶喜は将軍名代として将軍に先駆けて上洛し、朝廷との交渉に当たった。このとき、攘夷の決行を約束させられたが、実際に攘夷を実行する気はなく、決行日を適当に五月十日とした。そのため幕閣に攘夷を命じても手段は言わず、実行をできなくしていた。

文久三年の八月十八日の政変で、京から攘夷派公卿と長州藩が追放されると、朝廷は慶喜と松平春嶽、会津藩主松平容保《かたもり》、前土佐《とさ》藩主山内容堂《やまうちようどう》、宇和島《うわじま》藩主伊達宗城《だてむねなり》を朝議参与とし、無官の島津久光も参加させた。

薩摩藩は公家たちの生活を援助して発言権を増しており、朝廷も「できもしない攘夷で対立するより、開国で挙国一致を図ろう」とした。これは本来の慶喜の意見であり、全員一致で解決すると見られた。ところが幕閣は、幕府が薩摩の意見に同調するのは許しがたいという面子論を持ち出した。慶喜も薩摩への対抗心から自説を変えて開国論を潰しにかかっていた。

文久四年正月、将軍家茂が長州征伐で上洛すると、慶喜は島津久光から「中川宮《なかがわのみや》が前の横浜鎖港が手違いとしている」と聞き、久光、春嶽、宗城を伴って中川宮邸に向かった。そこで慶喜は泥酔を装って、中川宮に「援助を受ける薩摩に気遣って意見を変えるなら、幕府が面倒を見ましょう」と言い、久光らを差して「この三人は天下の愚物、天下の奸物でござる」と痛罵《つうば》し、膳の上に突っ伏した。

文久三年七月の薩英戦争後に、薩摩藩とイギリスは提携したため、幕府はフランスと連携を強め、フランス公使ロッシュの指導を得て軍制改革を進め、徳川家の威信回復を目指した。慶喜はフランスかぶれといわれ、フランス語を学び、フランス料理や豚肉を好んだため、密かに「豚一殿《ぶたいちどの》」（豚肉好きの一橋殿）と呼ばれた。

慶応《けいおう》元年（一八六五）九月十六日に、英、仏、蘭、米の四カ国は、延期していた通商条約の開始を求めてきた。在坂の幕府老中と家茂は、開港受諾の回答を出そうとしたが、そこへ下坂してきた慶喜が「朝廷の裁可を得ずに幕府の一存で専断することはできない」と反対した。

将軍家茂は、将軍が決裁したことを慶喜によって白紙に戻されて辞意を表明し、江戸に帰るために十月三日には二条城を出発した。これを聞いた慶喜は、馬を飛ばして伏見《ふしみ》で家茂一行を待ち受け、自分がなんとかすると家茂を宥《なだ》めて二条城に戻した。

慶喜も必死で朝廷側と交渉し「これほど申し上げても御許容なければ、それがしは責任を取って切腹します。しかし、それがしにも多少の人数があり、その者どもが、おのおの方に何をしでかすか保証しませんぞ」と破落戸《ごろつき》まがいの捨て台詞《ぜりふ》で、公家たちを脅して会議を押し切っている。

◆将軍就任にもゴネずに済まさない慶喜の性格

その間の、九月二十一日に、幕府は長州再征討の勅許を受けていた。翌年の慶応二年七月に、将軍家茂は第二次長州征討の最中に危篤になり、後継には田安亀之助《たやすかめのすけ》を指名していた。だが子どもでは無理な情勢で、誰もが次期将軍を慶喜以外には考えられなかった。

幕閣たちは慶喜に将軍就任を勧めたが、慶喜が将軍になって力を発揮するには遅すぎており、幕府の綻《ほころ》びは繕《つくろ》いようがなかった。

慶喜は徳川宗家だけは受けるとしたが、将軍就任を固辞した。これを知った松平春嶽は「慶喜はねじ上げの酒飲み」だから大丈夫とした。これは酒を飲みたいのだが断り続け、ついには酒を注がれると飲む人のことである。

慶喜は鮮やかに長州藩を討って、幕府の権威を回復させ、その後に将軍職を受けようとして、自ら長州出征を宣言し、宮中に参内して節刀《せっとう》を賜った。だがその直後に、小倉口《こくら》で指揮を執っていた小笠原長行《おがさわらながみち》が京に逃げ帰ってきたのである。こうなると慶喜は長州征討の中止を宣言してしまい、朝廷も幕閣も唖然《あぜん》とした。

慶喜は軍艦奉行の勝麟太郎《かつりんたろう》（海舟《かいしゅう》）を長州に派遣して、和平交渉にあたらせた。勝は安《あ》芸《き》の宮島《みやじま》で長州の代表と会談したが、供も連れない勝に長州側は心を開き、日本人同士が戦う愚を理解し、互いに撤兵することで了解した。

ところが勝が帰ってみると、この間に小栗忠順《おぐりただまさ》がフランスから六〇〇万ドルを借款する交渉をし、慶喜はじめ幕閣は強硬論に変化していた。勝は長州を欺《あざむ》いた結果に怒り、退職届を出して江戸に帰ってしまった。

結局、慶応二年五月には長州征討を中止し、十二月五日には案の定、慶喜は将軍宣下を受け、十五代征夷大将軍となったのである。

◆次の時代も政治主導する構想の慶喜

同年十二月二十五日に、孝明天皇《こうめいてんのう》が崩御した。孝明天皇は頑固な攘夷主義者で知られたが、国内政治は幕府に委任する姿勢を変えることがなく、あくまで佐幕派であった。幕府は孝明天皇の急死で、宮中内での大きな支えを失ってしまった。

慶応三年一月、明治《めいじ》天皇が即位すると朝廷内の空気は一変し、公武合体路線から倒幕路線へと急転した。勢いを増す薩長の尊攘派は武力討幕を決意した。

将軍慶喜が英・仏・米・蘭の公使と会見し、兵庫開港を確約したが、薩長は兵庫開港拒否は孝明天皇の遺志であるとし、幕府に強圧をかけてきた。

この時慶喜は誰もが考えられない作戦に出た。摂政の二条斉敬《にじょうなりゆき》や公卿の高官に対し丸一日以上論じ抜き、公家たちを体力で屈服させて、兵庫開港を認めさせたのである。こんな慶喜を薩長は恐れ、武力倒幕の準備を慌ただしく進めた。

十月になって、土佐藩参政の後藤象二郎《ごとうしょうじろう》は、坂本龍馬《さかもとりょうま》が示した〝船中八策《せんちゅうはっさく》〟を前土佐藩主山内容堂の名で慶喜に提出した。これによって「大政奉還《たいせいほうかん》」となるが、慶喜は倒幕派に武力行使の名目を失わせ、政権を朝廷に返しても徳川支配の終わりとはならず、領地や軍艦、兵力を維持して新徳川支配体制を打ち立てる起死回生の策とした。

慶喜は十月十四日に、朝廷に対し大政を奉還し、多くの公卿の感動を呼んだが、慶喜は現状の朝廷ではやがて政治を持て余し、自分の手許に還ってくると読んでいた。

そして慶喜は、十月二十四日には征夷大将軍も辞職した。慶喜は征夷大将軍の姿を江戸の市民に見せることもなく、ここに徳川家による征夷大将軍は終了した。

◆慶喜の最後の踏ん張り

十二月九日には薩摩・土佐・安芸などの兵で御所の九門を固め、廷臣は「王政復古《おうせいふっこ》の宣言」を明治天皇に求めた。当日の夕方には天皇が臨席した小御所《こごしょ》会議が開かれ、慶喜を裸にする辞官納地《じかんのうち》を決定した。これに山内容堂や松平春嶽が反対したが、押し切られていた。この命を受けた慶喜は、領地の件は人心が沈静する後日とし、辞官のみを受け容れた。

　京に駐屯していた旗本や幕府歩兵、会津・桑名《くわな》軍の一万の兵は二条城に集結した。その時、長州軍が上洛し、京の近郊に駐屯した。江戸の譜代大名たちは、慶喜の受けた処置に怒り、徳川家の臣として興亡をともにする決議をし、幕府の洋式軍隊は、命令を待たずに軍艦で上方に向かった。

　二条城の徳川方将兵は、京周辺には味方に有利な兵力があり、薩長を叩けるとして開戦を叫んで沸騰した。慶喜は京で一時的な勝利を得ても、全国的な内乱を生み、列強に付け入る隙を与えるとして、大坂へ退去することを各指揮官たちに納得させた。

　だが慶喜は、薩摩が天皇という〝玉《ぎょく》〟を握るため賊になる恐れもあり、薩長に時代という目に見えない後押しがあり、最終的に徳川方に勝ち目がないと判断していた。

　諸藩主たちは新政府に招集されて続々と京に集まり、徳川宗家だけが領地を返納することに納得せず、岩倉具視《いわくらともみ》や薩摩らの強引な手口を非難して、朝廷費用を全大名が負担すべきとした。新政府はすべての大名が領地の一部を返納し、慶喜を新政府の三職に加えることで妥協を図った。

だが武力倒幕派は、慶喜を復権させればクーデターは骨抜きになるとして焦っていた。薩摩の西郷吉之助《さいごうきちのすけ》（隆盛《たかもり》）は江戸の藩邸で養った浪士組に、江戸を騒乱状態にして旧幕府を挑発するように指令した。この指令を受けた浪士組は、江戸で薩摩を名乗って放火や強盗などの犯罪を繰り返した。

十二月二十五日には、江戸市中を警備している庄内《しょうない》藩とその支配下の新徴組《しんちょうぐみ》は、薩摩藩邸を包囲して交渉をしたが、決裂して砲撃し、薩摩の挑発に乗ってしまったのである。

薩摩藩邸の焼き討ちは、海路を急行した大目付滝川具挙《たきがわともたか》によって、十二月二十八日には大坂城にもたらされた。大坂城内は討薩で沸騰し、慶喜にも抑えることはできなくなった。

慶喜は、この政治混乱は薩摩の陰謀であるとする「討薩の表」を祐筆に草稿させ、慶応四年元旦、諸藩に兵の召集を命じた。

一月三日、陸路を二手に分かれて京を目指すと、鳥羽《とば》方面と伏見方面で戦いになった。だが新政府側に「錦《にしき》の御旗《みはた》」が翻ると徳川方の敗戦は決定した。この錦の御旗は薩摩の大《お》久保一蔵《くぼいちぞう》（利通《としみち》）が西陣織の帯で作らせたもので、誰も本物を見たことがなく偽物とはわからない。これを前もって用意する周到さに、徳川軍はすでに負けていたのである。

◆慶喜痛恨の汚点になった江戸への逃走

鳥羽・伏見の戦いでは、徳川軍は薩長軍の近代兵器に敗れ大坂城へ退却した。徳川軍の内部では、代々徳川軍の先鋒を務めるはずの彦根《ひこね》藩井伊《いい》家は、桜田門外の変で藩主の井伊直弼が悪者にされ、知行十万石を減額されたことに納得していなかった。淀《よど》藩は藩主の稲《いな》葉《ば》正邦《まさくに》が老中として江戸の留守を預かっているにもかかわらず徳川軍を裏切っていた。

慶喜の出身の水戸家は、誰もが知る尊王思想の大本山である。「大名は朝臣で幕府の家来ではない」とする水戸学は、幕府から危険視されていたが、慶喜もこの思想で育てられ、朝敵になることを恐れていた。

慶喜は、まだまだ戦意旺盛な将兵を見捨て、すべてを放り出して大坂城から逃亡したのである。大坂湾に碇泊した軍艦「開陽《かいよう》」に乗って、江戸に逃げ帰ったが、この時には会津藩主松平容保ら主戦派だけでなく、愛妾や奥女中を男装させて同行させていた。

幕府が不利な状況にあっても、弁舌を武器にして、ときには劣勢を逆転させた慶喜だったが、武家の棟梁としてはあまりにも情けない敵前逃亡を演じてしまった。これまで積み重ねてきた慶喜の功績も、一挙に無にする大汚点となった。

◆助命され大正まで生きた慶喜

徳川家存亡の危機に直面しながら、江戸に逃げ帰った慶喜は、薩摩出身で家定正室の天《てん》璋院《しょういん》（篤姫）と、落飾して静寛院宮《せいかんいんのみや》となった家茂正室の和宮《かずのみや》に泣きついた。

慶応四年一月七日、朝廷は慶喜追討令を発し、有栖川宮熾仁親王《ありすがわのみやたるひと》を東征大総督とした。徳川家の征夷大将軍は慶喜で終わったが、熾仁親王は新しい征東将軍とも言える。ちなみに慶喜は熾仁親王の甥であり、熾仁親王は和宮の婚約者でもあった。

和宮は慶喜の謝罪嘆願書を上臈頭《じょうろうかしら》の土御門藤子《つちみかどふじこ》に託し、京まで上らせて天皇に言上させた。薩摩出身の天璋院は、官軍を率いて東海道を進軍する西郷吉之助に嘆願書を出し、進軍停止を頼んでいる。二人の訴えの内容は「慶喜一身はどうなろうとかまわないが、徳川家が朝敵となるのは避けてほしい」と共通していたが、慶喜の本心ではないだろう。

そして慶喜自身は上野寛永寺《うえのかんえいじ》に謹慎し、官軍との交渉は陸軍総裁に任じた勝海舟に全権を委ねた。勝は幕臣の山岡鉄太郎《やまおかてつたろう》を使者とし、駿府まで進んだ西郷の許に送った。西郷は革命には流血が絶対条件とし、慶喜の死で完結するとしていた。

山岡は西郷が構想する慶喜の備前《びぜん》藩お預けを、幕臣として納得できないと主張した。西郷は江戸城明け渡しなど七条件を受け入れるなら、徳川家存続に道を開こうと折れた。この時、西郷はイギリス公使パークスが、恭順《きょうじゅん》している者に罪を問うのは「万国公法」に反するとしているのを知り、慶喜の恭順を受け容れた。

会津藩主松平容保と桑名藩主松平定敬《さだあき》の兄弟は、常に徳川宗家のために犬馬の労をとったため薩長から憎悪されていたが、慶喜は幕府に忠節なこの兄弟を、恭順の邪魔として容赦なく退けた。会津藩士や幕臣が、慶喜を「腰抜け、卑怯者」と非難したのは当然だが、人に気遣うことを知らない慶喜には、気にもならなかっただろう。

慶喜は、徳川一門からも「お家を潰した男」とされたが、慶喜は徳川家を潰さないように精一杯の努力をしていたのは認めねばならないだろう。勝と西郷の会談によって、新政府軍の江戸総攻撃は回避され、四月十一日に江戸城を無血開城し、徳川十五代二百六十五年の治世はここに終わった。その日の未明に、慶喜は水戸へ向けて駕籠《かご》で出発した。

徳川宗家は田安亀之助が相続して徳川家達《いえさと》となり、一大名格となって駿河・三河・遠江に七〇万石を与えられた。慶喜は大政奉還時に徳川主導の新体制を構想したが、明治の新政府内でポジションを得ることもできず、徳川家達に従って駿府へ移住して悠々《ゆうゆう》自適《じてき》に過ごし、大正二年（一九一三）まで生きた。享年七十七であった。

慶喜の弟

徳《とく》川《がわ》昭《あき》武《たけ》

兄慶喜から次期将軍候補として重責を担わされる

嘉永六年(一八五三)九月二十四日~明治四十三年(一九一〇)七月三日

◆幼時から重責を担った余八麻呂

徳川昭武《あきたけ》は、九代水戸《みと》藩主徳川斉昭《なりあき》の十八男で、十五代将軍徳川慶喜の異母弟である。幼名は余八麻呂《よはちまろ》とされ、生後半年から水戸で養育されたが、文久《ぶんきゅう》三年(一八六三)に江戸に入り、同年には上洛した。

元治《げんじ》元年(一八六四)七月の禁門《きんもん》の変《へん》や、十二月の水戸の天狗党《てんぐとう》が京を目指したときには、一軍を率いて出陣している。幼い余八麻呂に重責を担わせねばならないほど、慶喜の周辺に人材がいなかったのだろう。天狗党の騒動は、兄の一橋慶喜を慕って京を目指す者たちだった。だがその慶喜は、彼らの追討総督になっているという時代の複雑さがあった。

慶応《けいおう》二年(一八六六)七月に、十四代将軍家茂《いえもち》が大坂で病死し、幕府の体制維持が危うくなったが、余八麻呂は元服して諱《いみな》を昭武とし、二十年間当主が不在だった御三卿の清水徳川家を相続している。

◆ロッシュの勧めで渡仏し武器購入の契約へ

慶応三年、幕府はフランス皇帝ナポレオン三世が開催する「パリ万国博覧会」への参加を、フランス公使ロッシュから勧められた。

ナポレオン三世は、万博は世界各国が知力や工業力を競うものとし、万博会場にはエレベーターが設置され、会場移動用に機関車が牽引する蒸気バスまであった。

幕府が諸藩や商人にも出品を募集すると、薩摩藩、佐賀藩の商人が応じた。徳川昭武が将軍名代として欧州各国の歴訪と王室外交に務め、万博後には留学も認められていた。慶喜は自分の後継者は昭武と考えていたようで、新知識を習得して次の時代に活かすよう期待していたのだろう。この一行二十五名の世話係として同行したのは、慶喜の側近になっていた渋沢栄一《しぶさわえいいち》であった。

幕府は万博に参加することで、日本の支配者であることを世界に認識させ、第二次長州征伐で失墜した権威を回復したいとしていた。さらに、幕府はフランスとの合弁会社を作って、日本が輸出する上質生糸を独占させ、フランスの銀行から六〇〇万ドルの借款をする計画であった。

幕府は、その金で軍艦と武器を買い、薩長との最終決戦に勝利した後に、郡県制を施行する計画であった。この借款は、すでに日本で仮契約を済ませており、徳川昭武の万博使節が、フランスで本契約する予定だった。

◆パリ万博で薩摩と攻防する幕府使節

薩摩は、幕府とフランスの借款契約を阻止せねば、藩の興亡にかかわるのである。そこで薩摩藩は独自で万博参加を決め、幕府使節よりも早く、慶応二年十一月には幕府以上の出品物を積んだ船が日本を出発していた。薩摩に遅れた幕府使節は、すでに情報戦で遅れていたのである。

万博での物産陳列では、薩摩は独自の陳列を主張したが、幕府使節は日本を代表するのは幕府として認めなかった。博覧会日本部類総理事のレセップスは、幕府は「日本大君政府」、薩摩は「日本薩摩太守政府」として仲介したが、この表記が翻訳されて現地の新聞に載ると、日本で唯一の統治者が幕府であるとは理解されにくいものとなっていた。

薩摩は、国際的に独立国の証明である勲章を用意しており、各国の君主らに叙勲する一方で、新聞で薩摩太守政府と大君政府は対等と訴え、幕府の借款潰しに必死だった。

幕府側の情報は、通訳に雇ったシーボルトの息子アレクサンダーによって、薩摩を支援するイギリスに筒抜けになっていた。

幕府が買い付けた、大砲百門、シャスポー銃一万丁、フランス式軍服二万五千着など、七〇万ドル分の武器などが横浜に向けて出航していたが、借款交渉は難航していた。

これまでフランスは、イギリスに対抗するために幕府を支援してきたが、イギリスと結んだ薩摩と長州に時代を牽引する勢いがあり、幕府の権威が危うくなっているのが見て取れた。そこで、将軍慶喜と親密な公使ロッシュを更迭《こうてつ》し、イギリスと協調して地位を確保する路線に変更してしまった。

江戸の幕府はパリでの借款交渉が不調という報に驚き、フランス通の栗本鋤雲《くりもとじょうん》に、北海道の鉱山開発権という新たな担保を持たせてパリに急行させた。だが、形勢は逆転することはなく、十一月に万博は閉幕した。日本では、その六日後に慶喜が大政を奉還していた。

幕府がフランスからの借款に成功し、武器を手にしておれば、徳川昭武は反薩長軍の総帥として擁されただろう。だが、結果的には形勢を逆転するようなことにはならなかっただろう。さらに外国に鉱山開発権を譲渡するという負担がのしかかったに違いない。

薩摩と長州の必死さが、幕府の戦意を上回っていることは明らかで、薩長もグラバーなど死の商人を通じて武器や弾薬を購入しただろう。だがそれらも借款になって新政府へと引き継がれ、新政府の足枷になっていっただろう。

慶応四年三月のフランスの新聞に、鳥羽・伏見の戦いが掲載され、栗本鋤雲らは急いで帰国したが、昭武ら七名は留学のために残留した。四月の段階では慶喜からこのまま滞在して勉学するようにとの手紙が送られていたが、五月には新政府からの帰国命令書が届き帰国することになった。

昭武は、帰国した翌年の、明治二年（一八六九）に十一代水戸藩主に就任したが、版籍奉還により水戸知藩事となる。明治四年七月の廃藩置県で知藩事を免ぜられた。

昭武がフランスに滞在した経験を生かせたのは、明治七年に陸軍少尉に任官し陸軍戸山学校で教官として軍事教養を教授した程度であったが、この体験を最大限に活かしたのは渋沢栄一であった。

渋沢はフランスで大衆から資金を集めて事業を興して経営し、利益を還元するシステムを学んでいた。その知識から明治の産業界で銀行を創設し、新時代に沿った事業として王子製紙、東京瓦斯《ガス》会社など、五百もの新事業を展開させていったのである。

徳川宗家

徳《とく》川《がわ》家《いえ》達《さと》

幼くして徳川宗家を継承した幻の十六代将軍

文久三年（一八六三）七月十一日〜昭和十五年（一九四〇）六月五日

◆十五代将軍になれなかった幼い亀之助

田安亀之助《たやすかめのすけ》は、田安家の徳川慶頼《よしより》の三男として誕生した。慶頼は十四代将軍家茂の将軍後見職という幕府の要職にあった。元治二年（一八六五）に兄の寿千代《ひさちよ》が夭逝《ようせつ》したため七代田安徳川家を相続していた。

慶応二年（一八六六）、大坂で危篤に陥った十四代将軍家茂《いえもち》は、徳川宗家には血統の近い亀之助の相続を望んだ。そこで家茂の遺言通り、亀之助に将軍位を継承させようとする動きもあったが、家茂正室の静寛院宮《せいかんいんのみや》（和宮《かずのみや》）は、わずか四歳の幼児では国事多難の舵取りは無理として「もう少し年長の方に」と提案した。これに水戸藩などの有力藩も賛同し、十五代将軍は一橋慶喜に決まったのである。

太平の世であれば、将軍が若年でも幕閣たちが補佐して、幕藩体制を維持することができただろうが、飾り物のトップが通用する時代ではなかった。将軍になれなかった亀之助は、大政奉還や戊辰戦争という時代の激流に巻き込まれずにすんでいた。

◆十六代徳川宗家となり総理大臣候補にもなる

将軍になった慶喜は、持てる力いっぱいに努力し、幕威の回復に努力した。だが、幕府存続には時代の後押しがなく、鳥羽・伏見の戦いで旧幕府軍が薩長軍に敗れると、慶喜は幕府の将来が見え、江戸に逃げ帰った。

慶応四年一月十一日、慶喜を乗せた軍艦「開陽《かいよう》」が品川沖に投錨した。慶喜は、幕臣の中でも薩長の将たちとの窓口を持つ勝海舟《かつかいしゅう》を浜御殿の海軍所に呼び、事態の収拾を命じた。勝は、朝敵の汚名から逃れようとする慶喜を助けるとともに、徳川家を含めた共和制政府への可能性を探っていった。

新政府は、三月十五日を江戸総攻撃の予定日に定めていたが、勝は新政軍よりも優勢な海軍勢力を背景にして、徳川家へ有利な条件を獲得しようとしていた。

山岡鉄太郎《やまおかてつたろう》が駿府に急行して、新政府軍参謀の西郷吉之助《さいごうきちのすけ》と面談して勝との会談を取り付け、勝と西郷が高輪《たかなわ》の薩摩藩邸で会談し、四月十一日に江戸城は無血開城した。

だがすぐには、徳川家の処分は発せられず、旧幕臣を中心にした彰義隊《しょうぎたい》が市中警備を名目にして上野に籠もっていたが、新政府軍は五月十五日の総攻撃で壊滅させた。そして徳川宗家五月二十三日、新政府は徳川宗家を駿府七十万石に封じると発表した。

十六代当主には、再び田安亀之助（家達）に白羽の矢が立った。

亀之助はまだ四歳だが田安徳川家七代当主であった。亀之助は名を家達《いえさと》と改めて、十六代徳川宗家になったが、江戸城に入ることはない幻の十六代将軍になった。

亀之助は、明治二年（一八六九）六月、静岡藩知事に就任して駿河府中へ移るが、この道中では駕籠の中から年寄女中に沿道の風景を訊ねる幼さであった。その後は、いわゆる「良家のお坊ちゃん」として養育され、勝海舟らは「十六代様」としていた。

大正三年（一九一四）に第一次山本権兵衛《やまもとごんのひょうえ》内閣がシーメンス事件によって総辞職した際、後継の首班候補とされたが「徳川が政権に表立って関わるのは遠慮すべき」として辞退した。家達は将軍候補と総理大臣候補になったが、どちらも幻に終わっている。

常に飾り物にされた家達は、三十年にわたって帝国議会の貴族院議長を務め、昭和十五年（一九四〇）に「第十二回オリンピック東京大会」の組織委員長に就任した。このオリンピックは日中戦争の影響で幻に終わり、家達は同年六月に幻が多い生涯を閉じている。

蝦夷共和国総裁

榎《えの》本《もと》武《たけ》揚《あき》

新知識を持ち帰り蝦夷共和国の総裁に選任される

天保七年（一八三六）八月二十五日〜明治四十一年（一九〇八）十月二十六日

◆オランダから帰国すると風雲急を告げていた

榎本武揚《えのもとたけあき》は、御家人榎本武規《たけのり》の次男として、下谷御徒町《したやおかちまち》の通称「三味線堀《しゃみせんぼり》の組屋敷」で生まれた。父は備後《びんご》国箱田《はこだ》村（広島県福山市）の出の箱田良介で、榎本家の養子になり、西ノ丸徒目付《かちめつけ》であった。父の武規は伊能忠敬《いのうただたか》の弟子で「鍋《なべ》と釜《かま》があれば、食うには困らない」として、長男に鍋太郎、武揚には釜次郎と名付けていた。

榎本は十五歳で昌平坂《しょうへいざか》学問所で学ぶが、注目される成績ではなく、安政《あんせい》三年（一八五六）に長崎海軍伝習所の二期生となり、勝海舟《かつかいしゅう》の指揮下で航海術や砲術、数学、科学を学んだ。後に、築地《つきじ》の海軍操練所の教授方出役《しゅつやく》となり、文久《ぶんきゅう》二年（一八六二）に、幕府がオランダに蒸気軍艦を発注すると、榎本は西周《にしあまね》、赤松則良《あかまつのりよし》らとともにオランダに留学した。

オランダでは蒸気機関学や船舶運用術、化学を学び、ドイツ、デンマーク、フランスも訪れて政治経済や科学技術、通信技術を学んだ。なかでも「国際法」には力を入れた。

慶応《けいおう》二年（一八六六）十月に、軍艦「開陽丸《かいようまる》」が完成し、榎本ら九人の留学生を乗せて、慶応三年三月に帰国した。だが、榎本らの留学中に幕府の権勢は大きく失われていた。

九月に榎本は軍艦頭並および開陽丸艦長となり、和泉守を名乗ったが、十月十三日に十五代将軍慶喜は「大政奉還」を宣言して徳川家主導の幕藩体制に終止符を打った。

榎本は旧幕府艦隊を率いて大坂湾に入り、薩摩艦艇を監視していたが、江戸では薩摩藩は浪士組に放火や強盗をさせて、旧幕府と戦端を開くために挑発していた。これに庄内藩などが薩摩藩邸を焼き討ちし、この報は十二月二十八日には大坂城に伝えられた。

慶応四年元旦、慶喜は諸藩に出兵を命じ、夜に榎本の艦隊は大坂湾から脱出を図る薩摩藩船を追って紀淡《きたん》海峡で砲戦を開いて撃退していた。

二日には朝廷に「討薩の表」を奉じる旧幕府軍が大坂を発したが、翌日の鳥羽・伏見の戦いに敗れて大坂城に退去していた。榎本は今後の方策を探るために大坂城に入ったが、その間に慶喜が開陽丸で江戸へ逃走してしまった。

大坂城に残された榎本は、十八万両の軍資金や武器を富士山丸に積み、新選組《しんせんぐみ》や旧幕府軍の負傷兵を乗せて江戸に帰った。榎本の子孫によると、留学生仲間の蘭方医林研海《はやしけんかい》は、榎本らの帰国後もオランダで学んでいたが、榎本は林の帰国費用に十八万両の中から一万両を送り、林は帰国することができたという。

◆蝦夷共和国の総裁に就任

慶喜は一月十一日に江戸に帰り、薩長との窓口を持つ勝海舟に事態収拾を命じ、朝敵の汚名から逃れるために絶対恭順の姿勢を貫いた。

勝は新政府の東征大総督府下参謀の西郷吉之助と会談して江戸城を無血開城し、新政府軍を圧倒する旧幕府艦隊を引き渡すことに決した。だが榎本はそれに従わなかった。

新政府は慶喜の恭順を認めたため、会津《あいづ》藩を標的にした。徳川宗家に犬馬の労をとっていた会津藩に同情した東北諸藩は、奥羽越列藩同盟を結成して新政府に抵抗した。

榎本の艦隊は奥羽越列藩同盟から北上を要請されていたが、榎本は新政府が下す徳川家の処分を待っていて動けなかった。慶応四年五月、徳川家は駿河七十万石での存続が決定し、慶喜も七月末には駿府へ移住した。

八月十九日、旧幕府軍を収容して榎本艦隊は北上したが、会津藩は国境を突破されており、その上に台風によって艦隊の美嘉保《みかほ》丸と咸臨《かんりん》丸を失い、開陽丸も舵を壊していた。

榎本艦隊は仙台で旧幕府諸隊を収容し、蝦夷地《えぞ》の箱館《はこだて》に向かった。明治《めいじ》元年（一八六八）十月に新政府が統治する箱館を制圧し、近代国家の「蝦夷共和国」を樹立し、士官以上の選挙によって榎本が総裁に選出された。榎本は幕臣救済に蝦夷の開拓計画を持っていた。蝦夷共和国が横浜の各国領事に承認を求めると、アメリカ、イタリア、プロシャは榎本の国際感覚に好意を寄せ、イギリス、フランスは「事実上の政権」と認めた。

だが、蝦夷政府の虎の子である開陽丸を、江差《えさし》制圧作戦で座礁《ざしょう》させて失うと、各国は万国公法による団体交戦権は認めないと通達してきた。

さらに、幕府がアメリカから購入した装甲の新鋭戦艦が横浜に到着し、新政府が接収すると海軍力でも新政府軍が優勢になり、明治二年五月に、蝦夷共和国軍は壊滅した。

その後榎本は助命され、明治七年に海軍中将とされて駐露特命全権公使に任じられ、樺《から》太千島《ふとちしま》交換条約を締結。内閣制度が発足すると、逓信《ていしん》、文部、外務大臣を歴任した。

明治二十五年に福沢諭吉は、「瘦我慢《やせがまん》の説」として、新政府で要職に就いた勝海舟と榎本武揚を名指しして「戦争に負けた者は、市井《しせい》の片隅でひっそりと暮らすべき」と批判した。榎本は「（公費留学という）受けた恩にいまだ報いていない」と、旧幕臣だが明治政府に尽くしたいという思いがあり、反論していない。

【参考文献】

『日本全史』(講談社)／『朝日百科　日本の歴史』(朝日新聞社)／『日本歴史大事典』(小学館)／『国史大辞典』(吉川弘文館)／二木謙一監修『本当は全然偉くない征夷大将軍の真実』(ＳＢ新書)／桑田忠親編『足利将軍列伝』(秋田書店)／山田康弘著『戦国時代の足利将軍』(吉川弘文館)／今谷明著『籤引き将軍足利義教』(講談社選書メチエ)『朝日日本歴史人物事典』(朝日新聞社)／『日本歴史館』(小学館)／『見る・読む・調べる　江戸時代年表』(小学館)／大石慎三郎著『江戸時代』(中公新書)／辻　達也著『江戸時代を考える』(中公新書)／林　董一著『将軍の座―御三家の争い』(新人物往来社)／大石慎三郎著『徳川十五代　知れば知るほど』(実業之日本社)／山本博文著『徳川将軍15代』(小学館１０１新書)／渋沢栄一著『徳川慶喜公伝』(平凡社東洋文庫)／『別冊歴史読本　徳川十五代将軍実紀』(新人物往来社)／『歴史読本　覇王家康と徳川一族』(新人物往来社)／『歴史読本　家康・秀忠・家光と徳川幕府』(新人物往来社)／『歴史読本　征夷大将軍系譜総覧』(新人物往来社)／『歴史読本　46人の征夷大将軍』(新人物往来社)／『歴史と旅　武門の棟梁征夷大将軍』(秋田書店)／『特別増刊歴史と旅　鎌倉・室町将軍家総覧』(秋田書店)／野口武彦著『幕末バトル・ロワイヤル　慶喜の腹芸』(新潮新書)／童門冬二監修『幕末・維新のしくみ』(日本実業出版社)／山本博文監修　蒲生眞紗雄　後藤寿一　一坂太郎編著『江戸時代２６５年ニュース事典』(柏書房)／歴史読本編集部編『江戸三百藩藩主列伝』(新人物往来社)／『別冊歴史読本　太閤秀吉と豊臣一族』(新人物往来社)／『別冊歴史読本　誰も書かなかった戦国武将96人の真実』(新人物往来社)／『歴史ＲＥＡＬ　徳川歴史大図鑑』(洋泉社)／『歴史ＲＥＡＬ　徳川一族５００年史』(洋泉社)／『歴史ＲＥＡＬ　敗者の日本史』(洋泉社)／中山良昭著『殿、ご乱心でござる』(洋泉社歴史新書)／河合敦著『徳川御三家の野望　秘められた徳川時代史』(光人社)／海音寺潮五郎著『悪人列伝』文春文庫／今谷明著『武家と天皇』(岩波新書)／グループイストゥワールＦ２著『江戸「トンデモ殿さま」列伝』(ＰＨＰ文庫)／日本の歴史と文化を訪ねる会著『武家の古都「鎌倉」を歩く』(祥伝社新書)

編著者略歴

二木謙一（ふたき・けんいち）

1940年東京都生まれ。國學院大學大学院文学研究科博士課程修了。文学博士。専門は有職故実・日本中世史。國學院大學教授・文学部長、豊島岡女子学園中学高等学校校長・理事長を歴任。現在は、國學院大學名誉教授、豊島岡女子学園学園長。1985年『中世武家儀礼の研究』（吉川弘文館）でサントリー学芸賞（思想・歴史部門）を受賞。NHK大河ドラマの風俗・時代考証は「花の乱」から「軍師　官兵衛」まで14作品を担当。主な著書に『関ヶ原合戦』（中公新書）、『徳川家康』（ちくま新書）など多数。

〈執筆協力〉

フレッシュ・アップ・スタジオ（第一章〜第四章）

征夷大将軍になり損ねた男たち
トップの座を逃した人物に学ぶ教訓の日本史

2019年12月20日　初版第1刷発行

編著者　二木謙一

発行者　江尻　良

発行所　株式会社ウェッジ

〒101-0052　東京都千代田区神田小川町1丁目3番地1
NBF小川町ビルディング3階
電話　03-5280-0528　FAX　03-5217-2661
https://www.wedge.co.jp/　振替00160-2-410636

装　幀　辻　聡

組　版　有限会社フレッシュ・アップ・スタジオ

印刷・製本　株式会社暁印刷

＊定価はカバーに表示してあります。
＊乱丁本・落丁本は小社にてお取り替えいたします。
＊本書の無断転載を禁じます。

ISBN978-4-86310-222-4　C0021